Don Anlonso Manrique

Sammlung der Instructionen des spanischen Inquisitions-Gericht

Don Anlonso Manrique

Sammlung der Instructionen des spanischen Inquisitions-Gericht

ISBN/EAN: 9783743684089

Hergestellt in Europa, USA, Kanada, Australien, Japan

Cover: Foto ©ninafisch / pixelio.de

Weitere Bücher finden Sie auf **www.hansebooks.com**

Sammlung
der Instructionen
des
Spanischen
Inquisitions-Gericht.

Gesammlet
auf Befehl des Card.
Don Alonso Manrique,
Erzbischof zu Sevilla und General-Inquisitor
in Spanien.

Aus dem Spanischen übersetzt
von
J. D. Reuß.

Nebst einem Entwurf der Geschichte
der Spanischen Inquisition
von
L. T. Spittler.

Hannover,
im Verlage der Helwingischen Hofbuchhandlung.
1788.

Entwurf der Geschichte
der
Spanischen Inquisition.

Die Geschichte der Spanischen Inquisition, so nahe sie auch den Untersuchungen mancher neueren Geschichtforscher lag, so sehr es gerad unsers Zeitalters Lieblingssache zu seyn schien, nach jedem neuen Blick in das innere der katholischen Hierarchie begierigst zu haschen, hat doch bisher weder durch kritisch-historische Untersuchung, noch durch sorgfältigere Zusammenstellung aller hieher gehörigen Thatsachen, alles das Licht erhalten, das einem Gegenstande dieser Art billig zu wünschen wäre.

wäre. a) Man hat, wie in vielen solchen Fällen, die empfindsame Parthie zu frühe genommen. Man hat den ganzen Contrast zwischen dem Inquisitions-Gerichte und der Religion der Liebe mehr oder minder rednerisch

ins

a) Die historische Litteratur über diesen Gegenstand scheint auf den ersten Blick sehr reichhaltig zu seyn, weil man gewöhnlich alles zusammengestellt findet, was je von Inquisition überhaupt handelt. Eine solche Vermengung ist aber höchst schädlich, und es wäre deswegen auch bey dem neuesten deutschen Schriftsteller über Inquisition, auch bey Herrn Cramer, sehr zu wünschen gewesen, daß er seine Gränzlinien besser gezogen hätte. Unter allen, die ich verglichen habe, fand ich *Paramo de origine & progressu Inquisitionis*. Matriti 1598. Fol. weit den besten, so wenig auch das Buch dem entspricht, was der Titel besagt, wie man ungefähr schon aus folgendem sieht. Der erste Titel, den er in sieben Kapiteln abhandelt, ist dieser de peccato & infidelitate Adä: der zweyte Titel, den er in sieben Kapiteln abhandelt de modo, quo

Deus

ins Helle gestellt. Man hat einzelne Beyspiele der Verfahrungsart des Inquisitions-Gerichts zur Grundlage der ganzen Geschichte des Inquisitions-Gerichts gemacht. Man hatte, wie billig, erst nur von der Seite ge-

Deus processit contra Adamum & de modo procedendi f. Officii. Der dritte Titel handelt in fünf Kapiteln de hæreticis & idololatris veteris legis.

So viel nun des Unsinns dieser Art im ganzen Buch ist, so stecken doch hie und da kleine historische Notizen, die schon Pluirs von der spanischen Inquisition in Büschings Magazin V. Th. S. 69. ꝛc. so benutzt hat, daß ich höchst wenige historische Data bey ihm fand, die nicht Paramo gehabt hätte. Und **nicht** einmal **hat** er sie alle sorgfältig zusammengelesen, noch weniger die Widersprüche wahrgenommen, in die sich Paramo oft sorglos verwickelte.

Ueber **Limborch** und **Baker**, so weit nemlich beyde hieher gehören, urtheile ich nicht gern. Beyde Bücher sind auch ohnehin allgemein bekannt.

gestürmt, von der man die Eroberung des leider so unüberwindlich scheinenden Platzes am ehesten sich versprechen konnte. Je leichter aber diese ganze Parthie zu ergreifen war, je schneller würksam sie zu seyn schien, **desto** weniger verweilte man genug bey der eigentlichen Einrichtung dieses abscheulichen Instituts, desto rascher schloß man aus **halb** oder ganz wahr erzählten Beyspielen auf die eigentliche Form jener verabscheuungswürdigen Einrichtungen, desto schneller vergaß man, daß selbst auch die **empfindsame** Parthie nur alsdenn mit eben **so** viel Würde als Stärke ausgeführt werden könne, wenn man erst alles gethan habe, was der strengste historisch-kritische **Forscher** fodern konnte.

In der That hat es aber, auch nur für den Anfang einer solchen Inquisitions-Geschichte, in der, erste Form des Instituts und allmälige Metamorphosen desselben sorgfältig untersucht worden wären, bisher gar zu sehr an Urkunden gefehlt; an Urkunden

kunden, die hier allein die richtige Quelle der statistischen Beschreibung eines solchen Instituts seyn könnten, die man sich desto weniger durch Schlüsse aus den Factums selbst entbehrlich zu machen wußte, je mehr gerad bey Instituten dieser Art von dem jeweiligen Personale abhängt, und je seltener der **Fall** seyn mag, daß wir unpartheyische und nach allen Seiten wahre Beschreibungen **mehrerer** hieher gehöriger Factums haben.

Selbst Plüss, der einzige unter allen neueren, der ein paar der wichtigsten Hauptspuren des ersten Zweckes und der Urform der Inquisicion zuerst aufgefunden, selbst Plüss hat uns gar nichts von Urkunden geliefert, und aus manchen Stellen **seiner** Erzählung kann man mit Recht schließen, daß er diejenige, die hier das deutsche Publicum erhält, b) gar nicht gekannt haben muß.

Gerad

---

b) Der Titel des Originals der hier übersetzten Urkunden ist folgender: Copilacion de las

VIII

Gerad aber diese, dem deutschen Publicum hier zuerst vorgelegte Urkunden, von denen ich die erste Nachricht durch die Güte meines Freundes des Herrn Professor Reuß erhielt,

las instruciones del oficio de la santa inquisicion, hechas por el muy Reverendo señor fray Tomas de Torquemada Prior del Monasterio de santa Cruz de Segovia, primero inquisidor general de los regnos y Señorios de España. E por los otros reverendissimos señores inquisidores generales que despues succedieron, cerca de la orden que se ha de tener en el exercicio del santo oficio: Donde van puestas successivamente por su parte todas las instrucciones que tocan a los inquisidores: E a otra parte las que tocan a cada uno de los oficiales, y ministros del santo officio; las quales se copilaron en la manera que dicha es par mandato del Illustrissimo y reverendissimo Señor Don Alonso Manrique Cardenal de los doze apostolos, Arçobispo de Sevilla, inquisidor general de España. En Madrid. En la Imprenta real Anno 1630. Fol.

erhielt, und um deren allgemeine Bekannt‐
machung durch eine Uebersetzung ich ihn bat,
gerad diese sind es, die zur Grundlage einer
jeden mehr pragmatischen als empfindsamen
Geschichte der spanischen Inquisition dienen
müssen. Das deutsche Publicum wird ihm
gewiß Dank wissen, der allgemeinen For‐
schung, die sich bisher bey Limborch und
Bakern herumtrieb, Materialien hinge‐
geben zu haben, die so voll Spuren und
Winke sind, daß man in vielen Fällen
ganz andere Dinge wahrnimmt, als man
bisher wahrzunehmen glaubte, und in noch
mehreren Fällen manches gleichsam halb
verrätherisch hervorblicken sieht, wofür der
Geschichtforscher mehr weitere Beweise
als weitere Versicherungen nöthig haben
wird.

Freilich sind es, wie jeder sieht, eigent‐
lich mehr urkundliche Excerpte der wich‐
tigsten Documente, als daß die Documente
selbst hätten geliefert werden können. Es
sind nur zweckmäßige Auszüge aus den In‐
stru‐

structionen, welche die Inquisition theils als königliche Normative, theils auch als Verhaltungsbefehle ihres Chefs des Groß, inquisitors erhielt. Es sind die Auszüge, die man zur allgemeinen Norm der Inquisitoren selbst nothwendig fand. Es sind nur die Hauptpuncte, wornach sich der tägliche Geschäftsgang bey der Inquisition richten mußte; sie geben nur den Grundriß der Geschichte der ersten Jahrhunderte der spanischen Inquisition.

Doch eben dieses erste Jahrhundert ist bey weitem das wichtigste; eben das Document, das die allererste Form der Spanischen Inquisition beschreibt, wird hier nicht nur im Auszuge sondern vollständig geliefert; die Urkunde, die den Grundriß des ganzen Höllenreichs zeigt, findet sich hier in ihrer völligen Urkundenform. Gerade die statistischen und publicistischen Verhältnisse werden am meisten aufgeklärt durch diese Excerpte; und von dem, was den eigentlichen Rechtsgang betrifft, und die Haupt-

Hauptgrundsätze des inquisitorischen Rechtsganges betrifft, bleibt wenig mehr übrig, was man nicht aus dem bisherigen errathen könnte.

So lange man, wie doch der Fall gegenwärtig ist, nicht die geringste Hofnung hat, die ganz vollständige Instructionen und Urkunden zu erhalten, so lange Spanische Geschichte überhaupt noch in der ärmlichen Dürftigkeit bleibt, in der sie sich bey allen den Hofnungen, die man schon oft gab, leider noch immer befindet, so bleiben immer diese archivalischen Excerpte **das Hauptactenstück**; es sind Excerpte, von Geschäftsmännern verfertigt, die an Ort und Stelle und tief in diesen Geschäften selbst waren, nicht etwa blos von Historikern zusammengeschoben, die durch Auszüge und Auszügemachen Muße und Raum zu gewinnen suchten.

Man wird es gewiß nicht misbilligen, daß Herr Professor Reuß diese Actenstücke vorerst gerade so gab, wie sie das Spanische

nische Original enthielt, und weder durch weitläuftige Anmerkungen, für die so viel Gelegenheit gewesen wäre, noch durch schnelle historische Verarbeitung aller der Notizen, die in diesen Urkunden enthalten sind, seiner Arbeit eine scheinbare Vollendung gab. Bey den Hofnungen, die er hat, manche interessante Actenstücke noch zu erhalten, welche die Inquisitions-Reforme des großen Ministers Don Campomanes betreffen, würde eine ausführlichere Entwickelung der hier befindlichen Notizen viel zu voreilig gewesen seyn, so nützlich es auch war, erst diese Actenstücke dem Publicum vorzulegen, um hie und da wichtige Bemerkungen deutscher Geschichtsforscher und Geschichtkenner zu erhalten, und so mit vereinten Bemühungen auf eine Geschichte der Spanischen Inquisition vorzubereiten, die doch nicht anders als durch solche vereinte Bemühungen endlich klar werden kann. Wie vieles würde in der einheimischen Geschichte Spaniens klar werden,

werden, wenn die Inquisitions-Verhältnisse recht klar gemacht werden könnten!

Gleich in der so Epoche machenden Regierung Ferdinands des katholischen und Isabellens, gerade in dem Zeitpunkt, **da** Spaniens große Palingenesie war, da sich die wichtigsten Verhältnisse in der Reichs-Constitution entschieden, und innerhalb zweyer Generationen die königliche Gewalt bis zu einer Höhe und Vestigkeit kam, **die** sie selbst in Frankreich erst ein Jahrhundert später durch Richelieu erhielt, selbst in dem entscheidendsten Zeitpuncte, da ein ganz neues Gewebe der Spanischen Geschichte anfieng, selbst da schon ziehen die stärksten, weitlaufendsten Fäden des neuen Gewebes gerade aus den Regionen hervor, wo die Mysterien der ersten Inquisitions-Einrichtung und **der** ersten Veranlassungen dieser Einrichtung ruhen.

Schon Plürs hat deutlich genug darauf gedeutet, daß die Spanische Inquisition in **ihrer** ersten Veranlassung und Einrichtung nichts

nichts weniger als ein Rest des Religions-Eifers war. Sie war ein Werkzeug der Könige, die den Despotismus auf den Ruin der großen Nationalfreiheiten zu gründen suchten. Sie war die Erfindung eines Ministers, der diesen Weg für den sichersten hielt, den großen mächtigen Clerus zu unterjochen, und den trotzigen Reichsadel, den vorhergehende lang daurende Zeiten der Unruhen doppelt trotzig gemacht hatten, mit einemmal zu fesseln. Sie war ein Einfall eines Erzbischof Ministers, der hier seine geistliche Kenntnisse und seine weltliche Wünsche schlau genug zu combiniren wußte, der, wie die meisten Geistliche, die bis zum Ministerposten aufsteigen, gewaltig für Despotismus war, und dem Despotismus seiner Könige eine Waffe hier schmiedete, wie nur ein Bischof oder Erzbischof thun konnte.

Jeder characteristische Punct der neuen Einrichtung, wie Spanische Inquisition von aller andern bisherigen Inquisition sich unterschied, war sichtbar blos zum Vortheile

der

der königlichen Gewalt. Das neue Gericht war ein blos königliches Gericht. Der König allein setzte den Chef des Gerichts, der zugleich Chef aller kleineren ähnlichen Institute im ganzen Reich war. Er allein gab dem Chef und dem ganzen neuen Gerichte seine erste Instruction, und jede nachfolgende neue General-Instruction wurde allein in königlichem Namen ausgefertigt. Wie der Chef vom Könige gesetzt wurde, so auch die übrigen Assessoren des Gerichts, die bald der König allein, bald der Großinquisitor im Namen des Königs setzte. Wie den König nichts verpflichtete, einen Mönch oder Weltgeistlichen zum Chef der ganzen Anstalt zu machen, wie es sogar zuerst bey ihm stund, einen geistlichen oder weltlichen zu nehmen, so setzte er auch in dieses höchste unumschränkteste Collegium bald fünf Senatoren, bald sieben derselben, und die zween Consultoren, die aus dem hohen Rathe von Castilien zugeordnet wurden, erhielten eine Decisiv-Stimme bey den Versammlungen. Die

XVI

Die Instruction, die dem neu errichteten königlichen Collegium (Inquisition) gegeben wurde, ward von keiner Synode revidirt, von keinem Pabste confirmirt; es war des Königs Befehl, **den** er künftighin nach Gutdünken weiter bestimmen, nach Gutdünken wieder abändern konnte. Wenn auch der Pabst den General-Inquisitor bestätigte, so war seine Bestätigung bloße Formalität. Wenn auch die erste Instruction, die das neue Collegium erhielt, nach Rom mitgetheilt wurde, so war es eine Communication, die nicht erst **der** Sache Kraft gab, eine Communication, die den König weiterhin nicht verpflichtete, zur beständigen Beybehaltung derselben. c)

Man

c) Es findet sich einmal eine ordentliche päbstliche Ratification, der ersten auf dem großen Convente zu Sevilla 29. Sept. 1484. verfaßten Instruction, in der die Fundamental-Einrichtung des neuen Gerichtes enthalten war. Ueberall wird zwar in der Acte so gesprochen, als ob alles erst die päbstliche

Sanc-

Man hat langhin geglaubt, die Hauptpersonen bey der Spanischen Inquisition und besonders der Großinquisitor habe aus dem Dominicaner-Orden genommen werden müssen, und das Beyspiel der zween ersten Großinquisitoren schien diese Meinung zu bekräftigen. d) Aber schon Ximenez war nicht Dominicaner, und von 1523. bis 1619. also fast ein volles Jahrhundert war keiner dieses Ordens zu dieser Stelle gelangt, als ob man recht gefürchtet hätte, dieser Orden mögte hier zu gewissen natürlichen

Sanction erwarten müsse, allein wie wenig hieraus geschlossen werden dürfe, zeigt schon dieses, der Prior von Segovia nennt sich schon überall in dieser Acte General-Inquisitor von Castilien und der Pabst hatte ihn noch gar nicht dafür erkannt.

d) Der erste war Thomas von Turrekremata oder Torquemada, ein Dominicaner, Prior des Klost. zum h. Creuz in Segovia. Der zweyte Diego Deza, Bischof von Jaen und nachher von Palenza, war auch dieses Ordens.

lichen Erwartungen kommen. Der König konnte setzen und wählen, wen er wollte. Jesuiten e) und Franciscaner hat er dazu ernannt. Nicht einmal daß es Spanier seyn mußten, die er dazu ernennen wollte. So unabhängig und willkührlich frey wählend konnte der König keines seiner übrigen Collegien besetzen, als gerad dies unumschränkteste, dies würksamste aller Collegien seines Reichs.

Alles zum Vortheil des Königs und — nicht der Kirche. Es war nach damaliger Inquisitionspraxis etwas unerhörtes, daß alle Güter der Verurtheilten dem königlichen Fiscus heimfallen sollten, daß selbst nicht katholische Kinder Erben des Vaters werden konnten, wenn der Vater einer Kezerey verdächtig geworden war. f) Nichts fiel

e) Das Beyspiel des deutschen Jesuiten, des Pater Neidhard, ist bekannt.
f) Die Gesetze, die man deshalb von Innocenz III. von 1200. und 1215. gehabt hatte, waren schon lange durch nachfolgende päbstliche Gesetze und noch mehr durch Praxis aufgehoben.

fiel der Apostolischen Cammer zu; nichts dem Fiscus des Bischofs; nichts der Gemeinheit des Orts, wie doch sonst oft auch gewöhnlich war; alles zog allein der Fiscus des Königs.

Nun einmal auch dem Fiscus des Königs aus diesem neuen Institute so große Hofnungen gezeigt wurden, so ist es kein Wunder, daß die ganze Untersuchung eine Gierigkeit und Schärfe gewann, die sonst doch selbst auch in Fällen dieser Art noch selten zu seyn pflegt. Zwey Harpyen faßten nun mit einemmal g), was ehedem bey den blutigsten Aufspähungen der Ketzer, selbst noch in jenen rauheren Zeiten der Waldenser und Albigenser, nie gewöhnlich gewesen war, daß dem Beklagten die Zeugen gegen ihn nicht genannt wurden, ward nun

recht-

g) Schon in den ersten Jahren wurden die königl. Assignationen an die Casse der Inquisition so stark, daß die Inquisitoren nicht einmal ihre kleine Besoldungen ordentlich erhielten.

rechtliche ganz gewöhnliche, Sitte. h) Was bisher nie, selbst auch nur bey temporairen Verfolgungen, Statt gehabt hatte, daß noch die Enkel die Sünden der Großväter büßen sollten, daß Söhne und Enkel verurtheilter Ketzer und Apostaten nicht einmal Kaufleute oder Pächter werden, vielweniger irgend ein öffentliches Amt bekleiden könnten, ward nun gemeines Recht der täglich geltenden Inquisition. Sonst galt die Aufspähung nur den Lebendigen; bey dieser neuen Einrichtung den längst verstorbenen wie den noch lebenden; den ver-

h) Kön. Carln I. hatte man 800000 Gulden geboten, wenn er befehlen wollte, daß die Zeugen bey dem Inquisitions-Gerichte bekannt gemacht würden. Allein selbst Adrian, Carls Lehrmeister, der damals die Stelle des Großinquisitors vertrat, war selbst dagegen. S. die gleichzeitige Biographie desselben in *Burmanni scriptis ad vitam Adriani spectantibus.* P. 47. Paramo schreibt es dem Ximenez zu, allein schon die Chronologie widerlegt ihn.

verstorbenen selbst auch alsdenn noch, wenn sie unbeschuldigt und unangeklagt zu Grabe gegangen waren. Wer war sicher bey dem Besitze seiner väterlichen oder mütterlichen Güter, da bald oder spät gegen den längst verstorbenen Vater eine Anklage aufwachen konnte? Und alles so denn — zum Vortheile des Königs!

Es ist unbegreiflich, daß sich der Pabst bewegen ließ, ein Institut dieser Art zu erkennen. Hier war ein Tribunal, das inappellabel über Orthodoxie und Heterodoxie erkannte, und doch kein eigentliches Kirchen-Tribunal war. Ein Tribunal, das jeden Bischof oder Erzbischof fodern konnte, und doch allein nur einem Layen, dem Könige, Verantwortung schuldig war. Ein Tribunal, das allein nur nach königlicher Instruction sprach, allein nur vom Könige willkürlich besetzt wurde, und doch jeden Erzbischof oder Bischof bis zum Tode zu verurtheilen berechtigt war, ohne daß eine Appellation an den Pabst den Proceß **auch** nur aufhalten konnte. In

In der That ist's auch unverkennbar, wie Jahre lang der Pabst sich gewunden, bis er dem neuen Institute nicht weiterhin sich widersetzen konnte. Er ließ Bullen gegen die ergehen, die von den neuernannten königlichen Inquisitoren hie und da als Unterinquisitoren eingesetzt worden i). Er scheint seinen Einfluß bey dem Dominicanerorden dahin benutzt zu haben, um die alten,

i) Gleich 1479. 21. Jan. ließ Sixtus IV. an den Dominic. General eine Bulle ergehen. Ein gewisser Michael von Mariello (richtiger Morillo), gerade eben derselbe, den Ferdinand kurz vorher als einen der obersten Inquisitoren bestellt, habe den bisherigen Inquisitor von Valenza, den der Dominicaner-General eingesetzt hatte, geradezu dieser Stelle entsetzt und einem andern dieselbe übergeben. Der Pabst befiehlt, den alten zu restituiren. S. *Bremondi* Bullarium Ard. Prædicator. T. III. p. 572.

Paramo (de origine & progressu officii Inquisit. p. 136.) behauptet zwar, schon 1479. hätte der Pabst Ferdinanden und Isabellen

alten, vor der königlichen Einrichtung bestehenden Inquisitoren zu behaupten. Er erlaubte erst nur, daß die zween, vom Könige bestellten, Inquisitoren gemeinschaftlich mit den Ordinarien jeden Orts gegen Ketzer und Ungläubige verfahren durften k). Er verbot erst ausdrücklich, daß sie nirgends anders, als blos zu Sevilla Inquisitoren bestellen dürf-

bestellen die Erlaubniß gegeben, in Castilien Inquisitoren zu setzen, allein er gesteht selbst, daß sich dieser Indult bisher noch **nicht** habe finden wollen, sondern man sehe es blos aus den Citationen, die sich in spätern päbstlichen Bullen befänden. Selbst aber **auch** diese Citationen führt er nicht namentlich an. Man sieht, er suchte den Widerspruch des Pabstes gegen die spanische Inquisition zu verhüllen.

k) Anno 1482. M. Jan. idem Pontif. Max. (Sixtus IV.) duos illos a Regibus Inquisitores dictos *ea lege* confirmavit, *ut* juxta juris dispositionem *simul cum locorum ordinariis* caussas fidei expedirent. Paramo l. c.

dürften l); er schrieb vor, daß auch da der König nur zwey bestellen dürfte; er zauderte vier Jahre lang, bis er endlich einen General=Inquisitor für ganz Aragonien m) erkannte, und offenbar hat er über eilf Jahre lang gezaudert, bis er endlich einen über ganz Spanien, über Aragonien und Castilien, zugab n).

Wäre

l) Dies geschah noch 1482. S. Paramo l. c.

m) Dies geschah in der Bulle vom 17. Oct. 1483. S. *Bremondi* Bullarium. Tom. III. p. 622. Turrekremata wird blos zum General=Inquisitor in Aragonien, Valenza und Catalonien ernannt.

n) Dies geschah erst in der Bulle von Innocenz VIII. 30. Mart. 1491. S. l. c. T. IV. p. 6. der Pabst wollte alsdenn überdies auch noch nach eilfjährigem Zaudern seine Ehre so retten, daß er einen andern Mann hinzubringen suchte, als der war, den die Könige gesetzt hatten. Salelles in seinem Werke de materiis tribunalium S. Inquisitionis. Romæ 1641. Fol. führt zwar S. 13. eine Bulle von Innocenz VIII. an,

vom

Wäre Pabst Sixt IV. am Leben geblieben o), die Spanischen Negociateurs würden schwerlich je ganz gesiegt haben p), wäre nicht noch zu rechter Zeit der Erzbischof von Toledo, Alfons Carillo, gestorben q), eben der Mann gestorben, der Isabellen lebhaft genug fühlen ließ, daß sie Krone und Gemahl durch ihn erhalten, nie würde das neue Institut in Castilien durchgesetzt worden seyn. Es war ein Zufall, wie ihn Isabelle kaum günstiger erwarten konnte, daß es ihr gerad in der Epoche der größten

b 5

vom 3. Febr. 1485. worin Turrekremata als General-Inquisitor für ganz Spanien bestätigt worden, allein Bremond, so vollständig er sonst ist, kennt diese Bulle gar nicht.

o) Er starb 1484.

p) Die Negociation wurde in Rom von den beyden Brüdern geführt, dem Bischof von Osma Don Franz de Santillana und dem Groß-Commenthur von Alcantara Don Diego de Santillana.

q) Starb 1. Jul. 1482.

größten Gärung gelang, eben den Mann auf den Stuhl von Toledo zu bringen, der den ganzen Entwurf zur neuen Inquisition, aus persönlicher Ergebenheit gegen sie, schon acht Jahre vorher entworfen hatte r). Und daß vollends die größte aller Schwierigkeiten verschwand, da es ihr 1489. gelang, ihrem Gemahl Ferdinand das Großmeisterthum der drey Ritterorden vom heil. Jacob, von Alcantara und von Calatrava zu verschaffen, und so die Hauptschwierigkeit selbst zu heben, die auch noch Pabst Innocenz VIII. gemacht zu haben scheint, da er die neue Inquisitions-Anstalt in Castilien lange nicht anerkennen wollte.

Bis Ferdinand Großmeister wurde, hatten sich in Castilien immer noch die Ritterorden der Inquisitions-Anstalt widersetzt. Ihre Privilegien vertrugen sich nicht mit der neuen königlichen Anstalt, und der

Pabst

---

r) Peter Gonzales von Mendoza. S. *Gomecii Commentar. de rebus Ximenii* p. 1003.

Pabst mag froh gewesen seyn, daß die Collision so unverkennbar war. Sie, die bisher ihre eigene gerichtliche Verfassung, ihr eigenes Recht, ihre eigene Gerichtshöfe gehabt hatten, sie, die bisher frey waren, selbst von aller bischöflichen und erzbischöflichen Inspection; sie, die bisher in letzter Instanz einzig dem römischen Stuhle unterworfen waren, sie sollten einem neuerrichteten blos königlichen Gerichtshof sich unterwerfen, einem Gerichtshofe, bey dem kein ordentlicher Assessor ihres Ordens war.

Der Pabst hatte also doch endlich nachgegeben, und seine Befürchtungen, so gerecht sie auch waren, hatten sich diesmal nicht erprobt. Ein Irrthum, der mehr gegen die Spanische Regierung als gegen die Befürchtungen des Römischen Hofes beweißt. Der Pabst verließ den Spanischen Clerus, der in dieser Sache von seinem eigenen Primas getäuscht worden war. Er gab die drey Ritterorden preiß, weil doch, wenn es einst zur Vollziehung kommen

men sollte, wenn einst das neue königliche Gericht auch gegen die Ritterorden thätig werden wollte, weil denn doch der Vollziehung seiner Sentenzen tausend Schwierigkeiten noch entgegen stunden; Schwierigkeiten, die wahrscheinlich die ganze vereinigte Macht von Ferdinand und Isabelle nicht heben konnte. Die Nachgiebigkeit des Pabstes sollte vielleicht noch bey Ferdinand und Isabellen als Verdienst gelten. Sicher mögen sie aber in Rom darauf gezählt haben, daß nach der ganzen Verfassung von Spanien, nach allen den Verhältnissen, in welchen Castilien und Aragonien wechselsweise stunden, daß ein Institut dieser Art nie aufkommen könnte.

Schon allein dieses war ein Hinderniß, das schwerlich überwunden werden konnte, daß ein General-Inquisitor für Castilien und Aragonien bestellt werden sollte. Castilien war für sich bestehend, Aragonien bestund allein. Kein Fremder konnte in Castilien ein Amt erhalten; kein Castilianer ein

Amt

XXIX

Amt in Aragonien, denn auch er war in Aragonien ,Fremdling. Es gab keinen gemeinschaftlichen Minister Ferdinands und Isabellens, der in Aragonien und Castilien gleiche Gewalt gehabt hätte. Es gab nicht einmal ein großes gemeinschaftliches Oberappellations-Gericht, das, etwa zu gleicher Zahl aus Castilianern und Aragonesen besetzt, beyden gleich Recht hätte sprechen dürfen. Es gab kein Geheimeraths-Collegium, oder um Spanischen Sprachgebrauch beyzubehalten, es gab keinen hohen Rath, unter dem Aragonien und Castilien zugleich gestanden wären. Und ein oberster gemeinschaftlicher Gerichtshof, mit der unumschränkten Gewalt, als dieser erhielt; ein ganz neuer Gerichtshof, der allen Ständen mit einemmal drohte, ein Gerichtshof, bey dessen Besetzung der König an keine Landesgesetze sich band, der sollte mit einemmal in Thätigkeit gesetzt werden können?

In der That hat sich auch das neue Institut schon hieran so sehr gestoßen, daß
es

es über 24 Jahre lang dauerte, bis eine solche Concentrirung völlig zu Stande kam. Gleich der zweyte General-Großinquisitor, der Bischof Diego Deza von Jaen, mußte vielleicht auch deswegen seine Stelle niederlegen s), und 1507. wurde ein anderer Großinquisitor für Aragonien bestellt, ein anderer für Castilien. Im letztern Reiche ein Franciscaner, der große Minister Franz Ximenez t); und in Aragonien erhielt die Stelle ein Dominicaner Johann Enguerra,

s) Schwerlich geschah's wenigstens blos Altershalber, wie Paramo glaubte, denn er starb erst 9. Jun. 1523. Er lebte also nach Verlust seiner Großinquisitor-Stelle noch sechzehn Jahre lang, und die Nachrichten, die sich bey Gomez l. c. S. 1033. finden, zeigen deutlich, daß seine Abdankung mehr gezwungen als willig, und sowohl Wirkung als Ursache einer großen Revolution war.

t) Es ist ein fast allgemeiner Fehler, daß man glaubt, Ximenez sey Großinquisitor über ganz Spanien gewesen. Diese Würde hörte ganz auf von 1507. bis 1518.

guerra, Bischof von Vique, nach dessen Tode überdieß noch die ganze Gewalt des Aragonischen General=Inquisitors unter zwey Männer getheilt wurde u).

Wenn aber auch das neue Institut nicht gleich hieran sich gestoßen hätte, wie war zu erwarten, daß bey den großen Forums Privilegien, die der Aragonese hatte, bey den außerordentlichen National=Freyheiten des Castilianers, die damals noch unverletzt bestunden, daß selbst der gereitzteste Religionseifer allen Patriotismus und alle Nationalliebe vergessen machen würde? Schon hatte auch selbst der Pabst in die Ernennung des Thomas von Torquemada zum

u) Joh. Enguerra starb 1513. Nach seinem Tode wurde die oberinquisitorische Gewalt in Aragonien übertragen an den Bischof von Tortosa Johann Mercator und den Dominicaner=Provincial Joh. Paul, und erst da Ximenez 1517. starb, so übertrug man dem ersteren auch die General=Inquisitors=Stelle in Castilien.

zum General-Inquisitor in Aragonien, Valenza und Catalonien völlig eingewilligt x); und es dauerte noch sechs Monate lang, bis nur zu Tarragona ein großer Convent der Aragonischen Minister und Räthe zu Stande kam, um die Verhältnisse zu verabreden, in welche das neue Institut in Aragonien gesetzt werden könnte.

Ferdinand hütete sich wohl, den Plan desselben, wie doch billig gewesen wäre, einer Versammlung der Stände vorzulegen. Selbst nicht einmal mehrere Erzbischöfe oder Bischöfe scheinen bey der Versammlung gewesen zu seyn, so gewiß es auch ihres Amts war, ein so wichtiges neues kirchliches Institut zu prüfen. Nicht einmal der Justitia, dieser große constitutionsmäßige Protector der National-Freyheiten scheint befragt worden zu seyn; er beschwur erst 19. Sept. 1484. feyerlich

das

---

x) S. die Bulle vom 17. Oct. 1483. in *Bremondi* Bullar. T. III. p. 622.

das neue Institut, und schon fünftehalb Monathe vorher waren die Inquisitoren bestellt, alle Chargen des neuen Instituts besetzt, und der Hauptsitz der Aragonischen Inquisition zu Saragossa errichtet worden y).

Viel Arglist muß gebraucht worden seyn, bis man den Aragonesen zur Unterwerfung brachte. Ob schon der Justitia nebst den vornehmsten Reichsbeamten und einigen Deputirten der Stände am 19. Sept. 1484. das Institut feierlich in der Kirche beschwur, so protestirte er doch gegen diese Form der ganzen Einrichtung desselben. Er widersetzte sich feierlich der verordneten Confiscation der Güter, denn eine solche Erweiterung der Rechte des königlichen Fiscus war eben so sehr gegen das bisher gangbare gemeine Inquisitionsrecht als gegen die versichertesten Nationalfreyheiten. Er widersprach

y) S. *Lanuza* Historias de Aragon. Tom. I. p. 168.

sprach dem Verschweigen des Namens der Zeugen, was auch so ganz neues Recht war.

Sie hatten schon ehedem große und gewaltige Inquisitoren in Aragonien gehabt; Bruder Eymerich blutdurstigen Angedenkens stund noch in allgemeinem Segen z). Sie würden gegen die vollständigste Erneuerung der strengsten alten Inquisitionsform gar nichts erinnert haben, denn daß Ketzer und Apostaten brennen müßten, dessen war man vollkommen einverstanden, und daß auch ihrer nie zu viel brennen könnten, daran zweifelte man gar nicht; aber nur diese Form des neuen Gerichts, diese ropalitische Wendung, die man der heiligsten Sache

z) Nicol. Eymerich ein Dominicaner wurde von P. Innocenz VI. 1356. zum General-Inquisitor für ganz Aragon gemacht. Er ist durch sein Directorium inquisitorum bekannt, von dem man sehr viele Ausgaben hat, und das auch bey der Spanischen Inquisition als ein Hauptbuch gebraucht wurde.

Sache gegeben hatte, die war's, die allgemeine Empörung veranlaßte.

So bald die Sache bey den Ständen zur Sprache kam, so ward beschlossen, Deputirte an Ferdinand zu schicken, um gegen diese Einrichtung dringende Vorstellung zu thun a). So bald das Volk vernahm, daß der König blos einen Pfaffenrock anziehe, um desto sicherer nach ihren Gütern zu greifen, um in dieser Kleidung thun zu können, wozu ihn keine königliche Prärogative berechtigte, so wurden an vielen Orten in Aragonien die Inquisitoren gar nicht eingelassen, so beschloß man, wenn anders nichts helfen könnte, geradehin sie todt zu schlagen, und würklich ward auch einer dieser Männer, ungefähr ein Jahr nachher, nachdem schon der Justitia das Institut beschworen, in der Kirche vor dem Altar im Aufruhr ermordet.

Wie

a) Diese ganze Erzählung ist aus Lanuza gezogen.

XXXVI

Wie der Fall oft kommt, eben das schnelle Aufbrausen des Volks, das die Einführung des neuen Instituts am wirksamsten hindern zu müssen schien, war die sicherste Veranlassung seiner nun gelungenen Introduction. Der Zorn Ferdinands wurde gereitzt; die weisesten Männer fiengen an, sich abzusondern, weil es Pöbelsache werden wollte; man verschönerte die royalistische Einrichtung des neuen Instituts mit manchen scheinbaren Gründen. Es schien billig, daß sich der König wegen der Kosten der Inquisition auf irgend einige Weise entschädigte. Die Glaubens-Reinigkeit, von der doch bey den damaligen Verhältnissen mit den Arabern die ganze Wohlfahrt des Reichs abhieng, schien ohne einen gewissen beträchtlichen Aufwand nicht behauptet werden zu können, und gerade dieses war's, warum alle bisherige Versuche ihrer vollen Behauptung mislungen. Die Dominicaner hatten nichts darauf wenden können, die Erzbischöfe und Bischöfe

hatten

hatten nichts darauf wenden wollen; nun der König mit großen Kosten die Sache angriff, nun schien es doch wohl billig zu seyn, daß man ihm auch Hofnungen ließ, wie die von ihm aufgewandten Summen erstattet werden könnten.

Adel und Clerus trösteten sich, daß die Vollziehung solcher Gesetze, wenn es ja einmal zur Vollziehung gelangen sollte, schwerlich auch sie treffen werde, und die Repräsentanten des dritten Standes, die sich erst nachher in Aragonien mehr erhuben, waren damals zu unmächtig, um einer Anstalt langhin zu widerstreben, die der König als seine Lieblingsanstalt zu betrachten schien. Was gewöhnlich bey großen Reichen, die eine Gruppe mehrerer Reiche ausmachen, schädlich zu werden pflegt, traf auch hier zu. Der Aragonese widersetzte sich nicht länger, so bald er den Castilianer nachgiebig sah. Die Ritterschaft von Valenza, die drey Monathe lang alles gethan hatte, um die Einführung

des

des neuen Instituts zu verhindern b), sie, die bey großer Strenge des neuen Instituts für ihre fleißigste Pächter, für ihre nützlichste Hintersassen besorgt war, auch die Ritterschaft von Valenza gab endlich nach. Man schien nachgeben zu können, ohne vorerst noch alles zu verlieren. Vieles war im neuen Plane des neuen Gerichtes völlig unbestimmt, von deren Bestimmung es erst abhieng, wie mehr oder minder gefährlich für Freyheit das neue Institut werden könnte. Es war nicht entschieden, wie viele Inquisitoren in einem solchen Reiche aufgestellt werden sollten; nicht entschieden, welche Beschuldigungen und welche Verbrechen zur Jurisdictional-Sphäre des neuen Instituts gehören sollten; nicht klar genug entschieden, wie weit man selbst auch im

b) Interea maxima dissensio militaris brachii fuit (in regno Valencia) contendentis s. Inquisitionis Officium non esse admittendum, quae tribus circiter mensibus perduravit. *Paramo* l. c. p. 187.

im Verfahren gegen Apostaten und heimliche Ungläubige vom bisher gemeinen Inquisitionsrecht abgehen würde.

Es war unmöglich, izt schon, noch ehe das ganze neue Ding da stund, manche der traurigsten Ereignisse vorauszusehen. Man ahnte nicht, von welchen Folgen es seyn müßte, wenn von nun an alle Inquisitoren des Reichs ein großes Corps ausmachten, wenn durch amtliche Correspondenz und durch das überdachteste System der zweckmäßigsten Subordination ein großer Zusammenhang entstund; ein Zusammenhang, wie er unglaublich gerade bey Instituten dieser Art die Würksamkeit des Ganzen verstärkt, und bald auch auf einzelne Mitglieder dieses Systems die sichtbarste Reaction zeigen mußte.

Schon der Dominicaner-Inquisition hatte eine ähnliche Verkettung viel Schnellkraft vor der bischöflichen Inquisition gegeben; doch war auch bey jener die Verbindung nie so innig gewesen, als sie hier wurde.

wurde. Jene hatte sich nie so über das ganze Königreich verbreitet, wie diese. Gegen jene konnte bald doch der König, bald noch der Bischof schützen. Im neuen Institute repräsentirte der Inquisitor den König; er war des Königs Mann; wer gegen ihn bey der Regierung Hülfe suchen wollte, der suchte Hülfe bey der Regierung gegen die Regierung.

Man weiß wohl, wie alle Geschäfte sich ausbilden, alle Geschäfte einen erweiterteren Kreis gewinnen, so bald sie der Gegenstand collegialischer Behandlung werden. Der ganze Proceß der Inquisition, der vorher viel nach Sitte und Observanz gieng, und also von selbst auch alle die Revolutionen erfuhr, die seit dem dreyzehnten Jahrhundert, in Spanien, wie überall, auf alte Sitte und alte Observanz gewürkt hatten, der ganze Proceß erhielt nun eine Fixirung und Bestimmtheit, die schwerlich mehr so bald eine glückliche Milderung hoffen ließ.

Sicht-

Sichtbar hatte es eigentlich bey der ersten Anlage des neuen Instituts blos den heimlichen Juden und heimlichen Muhammedanern gegolten, sichtbar nicht einmal den Ketzern aller Art. Gerad als große Staats-Policeyanstalt hatte die neue königliche Inquisition blos die Richtung bekommen, die nach den damaligen Bedürfnissen von Spanien die Hauptrichtung einer solchen großen Polizeyanstalt werden zu müssen schien. Doch auch schon nach dieser ersten Richtung mußte sich schnell die Würksamkeit derselben weiter erstrecken, als im ersten Plane lag, und es griff schon gewaltig tief, wie alles, was Zins und Wucher betraf, als ein Appertinenzstück des zu entdeckenden Judaismus zur Jurisdictional-Sphäre des königlichen Inquisitions-Gerichts gezogen wurde.

So wenig man von den allererste Bewegungen weiß, die in Catalonien bey erster Einführung des neuen Gerichts vorgiengen, so klar ist's, daß eine starke

Sensation entstund, wie sich der Würkungskreis des Gerichts zu erweitern anfieng.

Der König mußte schwören, daß er nicht zugeben wolle, daß Zins= und Wucher=Sachen vor das neue Gericht gezogen würden; er mußte schwören, daß selbst auch die Untersuchung, wie sie allein nur den Ketzern galt, in gewisse bestimmte Schranken gesetzt werden sollte c).

Spaniens Groshandel war gerad um diese Zeit durch Colons Entdeckungen und durch die noch größere Hofnungen, welche jährlich immer mehr eben diese Entdeckungen gaben,

c) Bulla Leonis X. vom 2. Sept. 1514.
Tam tunc Generalis, quam nonnulli ab eo subdeputati Inquisitores . . . ad preces seu requisitionem incolarum . . . seu alias de crimine usurarum . . . ex tunc de cetero non cognoscere, & facultatem tunc & pro tempore existentis dictae haereticae pravitatis in civitate Barcinonae Inquisitoris, in caussis haeresin & apostasiam

gaben, unglaublich gestiegen; es trug große Früchte, was Ximenez selbst auch nur in Ansehung des Castilianischen Steuerwesens zum Vortheil des Bürgerstandes und zum Vortheil der Handlung gethan hatte; die neue allgemeine Thätigkeit, die um diese Zeit für beschleunigteren Handel und Communication in ganz Europa erwachte, war damals nirgends fühlbarer und stärker, als in Portugal und Spanien. Und nun in eben dem Zeitpuncte sollten Wucher- und Zinssachen unter die Argusinspection des eben so unerbittlichen als unumschränkten königlichen Tribunals gezogen werden, so klar es auch hätte seyn sollen, wie wenig irgend

siam a fide sapientibus, certis etiam tunc expressis modis & forma restringere. Et praefatus Rex se, quod dicti Inquisitores id observarent, cum effectu curare, medio juramento promiserunt, prout in quibusdam publicis instrumentis aut aliis authenticis scripturis inde confectis dicitur plenius contineri.

irgend ein Groshandel gedeihen könnte, wo Zinse und Wucher völlig verboten seyn sollten

Leider hatte aber itzt der Pabst seine erste so gerechte Befürchtungen wegen dieses neuen Tribunals so völlig vergessen, daß er den König von seinem Eide loßsprach d). Leider hatte man wahrscheinlich itzt schon zu Rom entdeckt, daß so furchtbar auch der Despotismus seyn möchte, zu dem die königliche Gewalt vermittelst des neuen Tribunals kam, daß doch vermittelst eben desselben Instituts bald ein allgemeiner Zustand hervorgebracht werden müsse, der die sicherste Garantie der fortdaurenden Pabst-Autorität war. Leider that deswegen selbst auch itzt der Pabst alles, um die Sphäre der neuen Jurisdiction zu erweitern, und selbst Clemens VII., so wenig er sonst ein Freund Carls war, hat doch Bullen dieser Art niemals verweigert.

Er

d) Der Inhalt der so eben citirten Bulle Leo X.

Er übertrug auf Carls Bitte den Aragonischen Inquisitoren die Untersuchung Sodomitischer Schandthaten, sie mögten sich bey Geistlichen oder Weltlichen, bey Weltgeistlichen oder Mönchen finden e). Er nicht und seiner Nachfolger keiner haben sich auch nur dem Scheine nach widersetzt, da die Jurisdiction dieses Tribunals, das doch ursprünglich allein nur für Spanien bestimmt war, auch auf die Nebenländer der Spanischen Monarchie ausgedehnt wurde.

Schon 1492 wurde die Spanische Inquisition in Sardinien eingeführt. In Sicilien noch früher. Auch in Neapel sind bald genug Versuche gemacht worden f). Schon der zweyte Spanische Großinquisitor Diego Deza ernannte dort den

e) S. Bulle Clemens VII. 25. Febr. 1524.
f) S. bey Paramo das Schreiben Ferdinands und Isabellens an Gonsalv von Corduva. Medina del Campo 30. Jun. 1504.

den Erzbischof von Messina gleich) 1504., so bald nur Neapel erobert worden, zu seinem delegirten General = Inquisitor; ihn, dem ohnedieß schon eben dieselbe Stelle auch für Sicilien aufgetragen war g).

Doch alle Versuche Ferdinands waren hier vergeblich, alle noch nachdrücklichere Versuche Carls mislangen, und 1546. brach in Neapel eine große Empörung aus, da der Vicekönig Peter von Toledo, selbst nach den schlauesten Vorbereitungen, die er lange her gemacht hatte, endlich nun einmal zur wurklichen Einführung derselben schreiten wollte. Hier allein denn widersetzte sich auch der Pabst der Einführung derselben. Hier erklärte Paul III. in einer eigenen Bulle, was sie zu Rom den schönen Früchten zu Lieb, welche die Spanische Inquisition trug, fast vergessen zu haben schie-

g) Da man die Inquisition auch auf den Balearischen Inseln einführen wollte, so wurden die Inquisitoren dort fortgejagt.

schienen, daß die Ausrottung der Ketzereyen zum Kirchendepartement gehöre, und daß es Usurpation der weltlichen Macht sey, wenn diese, so thätig sich auch hier die geistliche Macht finden lasse, einen ihr so ganz fremden Sprengel ihrer ordentlichen Jurisdiction unterwerfen wolle.

Manche Dinge und oft sehr wesentliche Einrichtungen der spanischen Inquisition modificirten sich zwar von selbst, wie das Institut in Nebenländer verpflanzt, unter einen andern Himmel gebracht, in völlig andere äußere Verhältnisse verflochten wurde. Doch das characteristische der Einrichtung blieb, die Cäsaro Papie blieb, das royalistische Pabstthum erhielt kaum nur ein paar veränderte Wendungen. So ließen sich freylich die Inquisitoren in Sicilien ihr Recht nehmen, das sie schon seit Kaiser Friederich II. Zeit hatten, daß ordnungsmäßig ein Drittheil der confiscirten Ketzergüter den Inquisitoren selbst gehören sollte; doch blieben die übrigen zwey Drittheile

theile dem König. So durften die Inquisitoren in Sicilien blos Weltgeistliche seyn, doch wurden auch sie im Namen des Königs gesetzt. So gieng in Sardinien die Inquisition bis 1562. blos summarisch, das alte Recht blieb daselbst; allein das neue Leben, das mit Philipp II. in die Spanische Inquisition kam, die stärkere Triebkraft, die dieser unmenschliche Despote dem unmenschlichsten Despoten-Institute gab, drang endlich selbst auch in jene entferntere Theile, und so wenig in Sardinien Bedürfniß war für eine strenge, scharfsuchende Ketzer-Inquisition, so rastlos war doch Philipp, bis er auch dort das ganze seiner Spanischen Inquisition eingeführt wußte. In Mailand waren zwar auch 1564. alle Versuche vergeblich, aber desto glänzender waren die Auto da fes in Mexico und Peru h); desto mehr freute sich Philipp, da

h) 1574. wurde in Mexiko ein Auto da fe gehalten, von frühe sechs Uhr bis Abends fünf Uhr.

da er es 1571. endlich auch dahin brachte, daß ein ordentliches Inquisitions-System, vom Hauptbureau der ganzen Inquisition abhängig, auch auf der Flotte eingeführt wurde. Der Inquisitoren Sprache war: der, dem die Erde gehorchte, dem sollte auch das Meer gehorsam seyn!

Ueberhaupt so gewiß auch der Inquisitionsgang während der vierzigjährigen Regierung König Carls I. seinen alten Zug fortgieng, so sehr sich von selbst immer mehr die Einrichtungen ausbildeten, die Ferdinand und Isabella angefangen, so viel grausamer die Inquisition von selbst wurde, wie sich bey damaliger genauerer Verbindung Deutschlands mit Spanien, wie sich helvetische und sächsische Ketzereyen endlich selbst auch nach Spanien verbreiteten, so klar ist's doch immer, daß Philipps II. Regierung die größte Epoche machte.

Kaum

Kaum war Philipp II. zur Regierung gekommen, so erschienen neue Hauptinstructionen i). Nie war meines Wissens während Carls Regierung eine große neue Hauptinstruction erschienen. Kaum war der grausame Despote nach dem Tode seines Vaters in Spanien angelangt, so feierte er seinen Eintritt mit einem großen Auto da Fe zu Valladolid. Ich zweifle, ob je Carl persönlich gegenwärtig war, wenn dem Gotte der Wahrheit und der Liebe zu Ehren ein Molochsfest gefeiert wurde.

Kaum hatte Philipp die Inquisition in neue Thätigkeit gesetzt, so entstund überall Streit zwischen den alten ordnungsmäßigen Gerichten und der nun aufs neue mächtiger gewordenen Inquisition. In Aragonien hat es vier Jahre lang

---

i) Madrider Instruction von 1561.

lang gedauert, bis endlich ein neues Regulativ zu Stande kam k). Nie war während Carls Regierung, so sehr auch damals besonders in Castilien die Gewalt des Königs immer stieg, nie war in irgend einem Falle die Inquisition recht sichtbar gebraucht worden zur Waffe des Despotismus, aber was unter Philipp

k) Schon auf der Versammlung der Aragonischen Stände vom 23. Febr. bis 12. Mart. 1564. kam die Sache in Bewegung, und erst 1568. wurde sie geendigt. Der König veranstaltete auf Bitte der Stände bey der Inquisition in Aragonien, Catalonien und Valenza eine General-Visitation. Der Visitator war Licent. Franz Soto von Salazar, Assessor des Oberinquisitions-Gerichts. Er brachte auch endlich einen Vergleich zu Stande zwischen den Aragonischen Ständen und der Inquisition, der auf Veranstalten des Erzbischof von Saragossa durch den Druck allgemein bekannt gemacht wurde. S. *Lanaza* Historias de Aragon. p. 12.

lipp II. dem Staats-Secretair Perez geschah, ist nur einer der auffallenderen Beweise, wie damals der König oft auch in geringeren Fällen, der Inquisition sich bediente.

Unter Carls Regierung kam wohl der Fall vor, daß die Stelle eines Großinquisitors vier Jahre lang unbesetzt blieb 1), vielleicht selbst auch, weil Carl unzufrieden war mit der furchtbar unerbittlichen Strenge, womit der Großinquisitor sein Amt

1) Der Erzbischof von Sevilla, Don Alfons Manriquez, der eilf Jahre lang von 1523. bis 1534. Großinquisitor war, wurde im letzteren Jahre von Carln abgesetzt. Erst aber 1539. wurde ein neuer Großinquisitor gemacht in der Person des Erzbischof von Toledo, Card. Johann Tavera. S. *Ortiz de Zuniga* Annales Eclesiasticos y Seculares de la Ciudad de Sevilla. p. 493.

Amt trieb m). Philipp hat dem Großinquisitor wohl noch Coadjutoren ge=

m) In der erstangeführten Geschichte des Diego Ortiz de Zuniga findet sich Seite 482. eine Inscription, die über dem Thor des Castels von Triana steht, und ein eben so schamloser als zuverläßiger Beweis ist, welche Verheerungen die Inquisition auch nur bis auf den Großinquisitor Don Alfons Manriquez angerichtet habe. Die Inschrift ist folgende:

Anno Dni MCDLXXXI. Sixto. IV. Pont. Max. Fernando V. & Elisabeth Hispaniarum & utriusque Siciliæ Regibus Catholicis, sacrum Inquisitionis Officium contra hæreticos judaizantes ad fidei exaltationem exordium hic sumsit. Ubi post Judæorum & Saracenorum expulsionem ad a. usque 1524 . . . . . XX Millia hæreticorum & ultra, nefandum hæreseos crimen abjurarunt, nec non omnium fere M. in suis hæresibus obstinatorum postea jure prævis ignibus tradita sunt & combusta.

Die

gesetzt n), so bald er auch nur ahnen konnte, daß die blutdürstige Thätigkeit des Mannes, der doch sonst in jüngeren Jahren seinem Posten keine Schande gemacht hatte, Alters halber abnehmen mögte. Wie mußten nicht endlich unter Phi-

Die Inschrift hatte mit Erlaubniß aller höchsten und hohen Obern setzen lassen, nach Angabe des Archidiacon von Sevilla, der Licentiat de la Cueva.

Also in 33 Jahren bey 1000. verbrannt; und das überdieß nur in dem Inquisitions-Sprengel von Sevilla! Und das post expulsionem Judæorum & Saracenorum. In einem Sprengel Jahr für Jahr ungefähr dreyßig verbrannt; und so mehr als ein Menschenalter lang alljährlich fortgefahren!

n) Da Ferdin. Valdes, Erzbischof von Sevilla, der seit 1547. sein Amt als Groß-inquisitor redlich verwaltet, Alters halber stumpf zu werden anfieng, so machte Philipp 1566. den Bischof von Siguenza zum Coadjutor.

Philipp Staat und Kirche zuwachsen? Wie brauchbar ward ihm nicht für alle seine Staatsabsichten die Großinquisitors-Gewalt, da endlich seit 1573. Cardinal Quiroga die Stelle des Primas von Spanien, mit der Stelle des Chefs im Staatsrathe und mit der Stelle des Großinquisitors fast zwanzig Jahre lang vereinte.

So ganz demnach nun die erste Anlage und die erste Ausbildung zum Vortheil des königlichen Despotismus war, so lag's doch gerad auch in dieser ersten Anlage, daß endlich einmal, wie schon unter Philipp III. geschah, die Inquisition dem Könige selbst furchtbar werden mußte. Alle Hauptwerkzeuge eines Despoten werden leicht die furchtbarsten Feinde des Despoten. Alle Werkzeuge des Despotismus, die von einer kraftvollen Hand gelenkt, die würksamsten Werkzeuge des Despotismus sind, schlagen endlich auf den, der mit schwächerer Hand sie lenken will,

will, unvermeidlich zurück. Eben die
Hemmung aller National-Aufklärung,
aller Freyheit und aller Cultur, wie sie
aus Freyheit entspringt, eben dieselbe Hem=
mung, die eine nothwendige Würkung
des mehrere Generationen hindurch fort=
daurenden Inquisition-Instituts war,
zeigte früh genug ihren vollesten Erfolg
auch in **der** höchsten National-Region,
in der königlichen Familie selbst. Der
König gehört zur Nation; was diese end=
lich durch ihn wird, das wird sein Haus
selbst auch früh oder spät, das ist die
Präformation der Bildung seines Enkels
oder Urenkels.

In eben der Zeit auch, da die len=
kende Hand schwächer wurde, **in** eben
der Zeit gewann die Inquisition durch ihr
Personale einen Respect und eine Würk=
samkeit, die auch ein seiner ersten Anlage
nach minder mächtiges Institut wenig=
stens auf eine Generation lang fast all=
mäch=

mächtig hätte machen müssen. Schon Portocarrero, der noch in den zwey letzten Jahren König Philipps II. Großinquisitor war, trieb durch seine persönliche Verhältnisse das Ansehen seines Amts weit höher, als selbst der Cardinal und Erzbischof von Toledo, Caspar Quiroga gethan, der doch ein und zwanzig Jahre lang diese Stelle bekleidete, und noch überdies dabey Chef des Staatsraths war. Doch noch weit höher trieb's der Beichtvater König Philipps III., der Dominicaner Aloysius von Aliaga o), und

o) Auf Portocarrero folgte der Cardinal und Erzbischof von Sevilla Ferdin. de Niño und de Guevara. Dessen Successor war der Bischof von Carthagena, Jo. de Zuniga. Diesem folgte zuerst der Bischof von Valladolid Joh. Bapt. von Azevedo, und denn der Cardinal Erzbischof von Toledo Don Bernhard Rojas y Sandoval. Hierauf denn bis 1622. der Dominicaner Aliaga.

und wenn man hiebey auch nur die Nachrichten vergleicht, die der damals in Spanien befindliche kaiserliche Gesandte Graf Khevenhüller erzählt, so ist's fast unbegreiflich, wie so schnell sich die Lage dieses Instituts geändert haben konnte, wie bald es dem Könige furchtbar wurde.

Offenbar kam auch itzt mehr Ordensgeist in das Institut, und dieser Ordensgeist war unvereinbar mit den blos instrumentalen Absichten desselben zu Beförderung des königlichen Despotismus. Der Dominicanerorden, der doch seine alte Prätensionen an Inquisitors-Monopolium nie völlig hatte vergessen können, und schon wieder den dritten nach Aliaga einen Mann seiner Montur zum Großinquisitor machte p),
der

p) Auf Aliaga kam Pacheco von 1622. bis 1627. Denn der Cardinal Erzbischof von Burgos Anton Zapata; und nun der Dominicaner Anton von Sotomajor.

der Dominicanerorden schlang sich ganz hinein in das Institut, und es war keine der geringsten Ursachen der großen Bewegungen, die unter der vormundschaftlichen Regierung der Königin Maria Anna von Oesterreich 1666. entstunden, daß sie es damals gewagt hatte, einen Jesuiten zum Großinquisitor zu machen.

Tausend prunkvolle Abscheulichkeiten, die unter der schwachen Regierung König Carls II. in eben dem Verhältnisse abscheulicher wurden, je prunkvoller sie wurden, — entsprangen itzt immer mehr aus eben dem Ordensgeiste, der meines Erachtens gerad in diesem Zeitpuncte am sichtbarsten auf das abscheuliche Institut würkte. Auch sah man das Institut itzt so fast ganz nur als religiöses Institut an, weil in der allgemeinen Barbarey, die unglaublich groß war unter dieses Königs Regierung, alle Nachrichten von der ersten Form und Absicht des Instituts nach und nach verschwun-

schwunden waren. Die Auto da Fe's
waren Hof-Feten geworden, das allgemeine
Gefühl hatte sich völlig abgestumpft. Der
Mensch, der alles werden kann, wird
zuletzt auch fast belustigter Zuschauer der
peinvollsten Leiden seiner Mitmenschen.

Hätte auch nicht gleich die Regierung
des ersten Bourbon, der 1701. den Spanischen Thron bestieg, das abscheuliche
Institut bald wieder unter königliche Tutel
genommen, wäre auch nicht gleich dadurch
der Ordensgeist bald exorcisirt und gleich in
der äußern Thätigkeit desselben, den Grund-
sätzen der französischen Regierung gemäß,
eine große Veränderung vorgenommen
worden; allein schon der fast zweyjährige
Spanische Successionskrieg hätte die ge-
waltigste Catastrophe hervorbringen müssen. Das Volk in Spanien, das in
seinem Leben nie einen Ketzer gesehen hatte,
das voll der wunderbarsten Begriffe war,
wie von Gott gezeichnet die Ketzer aussehen
müßten,

müßten, das Spanische Volk sah nun zu seinem äußersten Erstaunen ganze Schaaren von Deutschen, Engländern, und Holländern. Der Marquis von San-Philippe giebt deutlich genug zu erkennen, welche Veränderungen in dem innern Zustande von Spanien daraus entstanden seyen, und man hat vielleicht erst der nachfolgenden engeren Verbindung mit Frankreich, wie sie unter einer bourbonischen Regierung unvermeidlich war, manches zugeschrieben, was schon Würkung jener Catastrophe war.

Viel ehrenvolle Würkung bleibt zwar immer dieser engen Verbindung von Frankreich. Alles, was von Aufklärung nach Spanien kam, kam offenbar nur die Pyrenäen herüber. Eben die Schriftsteller, die zu Frankreichs politischreligiöser Aufklärung am meisten gewürkt haben, sind auch unmittelbar die Lehrer der Spanier geworden, weil in Spanien fast bloß fran-

französische Lectüre ist. Doch war's, zu Spaniens Ehre sey es nicht vergessen! doch war's kein Fremder, der endlich durch Umschaffung des abscheulichsten Instituts zu einem fast bloßen Polizey-Gerichte die größte Epoche in der Spanischen Geschichte unsers Jahrhunderts machte! doch gebührt der französischen Philosophie vielleicht weit nicht die Hauptehre der Bildung des großen Graf Campomanes; er wurde durch sich selbst, was er zu Aranda's Ruhm und zu Spaniens größtem Glücke geworden ist!

L. T. Spittler.

Sammlung der Instructionen des Spanischen Inquisitions-Gericht.

Instruction des Priors des Klosters zum heiligen Creuz, aufgesetzt zu Sevilla im Jahr 1484.

Im Namen Gottes: den 29. September im Jahre der Geburt unsers Heilandes Jesu Christi 1484, der zwoten Judiction, im ersten Jahre des Pontificats unsers heiligsten Vaters Innocenz des achten und unter der Regierung der höchsten und mächtigsten Beherrscher Castiliens und Aragoniens, der durchlauchtigen und erhabenen Herrn, Don Ferdinand's und Frau Donna Isabell, des allerchristlichsten Königs und Königinn von Castilien, Leon, Aragonien, Sicilien, Toledo, Valencia, Galicien,

Mallorca, Sevilla, Cerdagne, Cordova, Corcega, Murcia, Jaen, Algarve, Algesiras, Gibraltar, Grafen von Barcelona, Herrn von Vizcaya und Molina, Herzogen von Athen und Lepanto, Grafen von Rousillon und Cerdagne, Marquis von Oristagni und Bociano, versammleten sich in der edlen und getreuen Stadt Sevilla, auf Königlichen Befehl, zusammenberufen durch den hochwürdigen Vater, Bruder Tomas von Torquemada, Prior des Klosters zum heiligen Creuz in der Stadt Segovia, Königlicher Beichvater und General-Inquisitor, die andächtigen Väter Inquisitoren der Stadt Sevilla, Cordova, Ciudad-Real und Jaen, zugleich mit andern angesehenen, gewissenhaften, gelehrten und königlichen Räthen.

In dieser Versammlung waren gegenwärtig die hochwürdige und wohlweise:

der besagte Bruder Tomas von Torquemada, Prior des Klosters zum heiligen Creuz der sehr edlen Stadt Segovia,

der Bruder Johann von St. Martin, Doctorand der heiligen Theologie, Inquisitor in der genannten Stadt Sevilla,

Jo-

Johann Ruiz von Medina, Doctor der Decretalen, Prior und Canonicus in der heiligen Kirche der Stadt Sevilla, Königlicher Rath, Assessor und Gehülfe gemeldten Bruders Johann v. St. Martin im besagten Inquisitions-Gericht:

Pero Martinez von Barrio, Doctor der Decretalen, Canonicus in der heiligen Kirche Cordova, Inquisitor in gemeldter Stadt:

Bruder Martin de Casso, Franziskaner, Doctor der heiligen Gottesgelahrtheit, Assessor und Gehülfe der gemeldten Inquisitoren genannter Stadt Cordova;

Franciscus Sanchez de la Fuente, Doctor der Decretalen, Präbendar der heiligen Kirche, Licentiat der Gottesgelahrtheit, Canonicus der heiligen Kirche von Burgos, Inquisitor in gemeldtem Ciudad-Real:

Johann Garcia von Cannas, Licentiat, Scholaster in den Hauptkirchen von Calohorra und von Calçada, Königlicher Capellan:

Bruder Johann de Yarea, Doctorand der heiligen Theologie, Prior des

Klosters Peter des Märtyrers, in der Stadt Toledo, Inquisitor genannter Stadt Jaen.

Alonsus Carrillo, erwählter Bischof von Mascara im Königreich Sicilien:

Sancho Velagqnez von Cuellar, Doctor beider Rechten:

Micer Poner von Valentia, Doctor des canonischen und bürgerlichen Rechts, Königlicher Rath:

Johann Gutierrez von Lachaves, Licentiat der Rechten:

Trisstan von Medina, Baccalaureus.

Es wurde in dieser Versammlung vorgetragen, daß, da man oft und viel auf Königlichem Befehl über einige Artikel der heiligen Inquisition gehandelt habe, so wol über die Form ihres Verfahrens, als andere Puncte derselben betreffend, so hätten sie ihr Gutachten und Entschließung in gewissen Artikeln, dem Recht und der Billigkeit gemäß, einstimmig abgefaßt, zur Beförderung des Dienstes Gottes unter Leitung des Höchsten.

Diese Entschlüsse waren in einem Band enthalten, welchen sie uns, den Notarien, und unten geschriebenen Zeugen vorlegten,

unter

unter öffentlicher Bezeugung, daß sie sich in allen ihren Reden und Dekreten der Entscheidung der heiligen Mutter der Kirche und unsers heiligsten Vaters, gegen welche sie nie auf irgend eine Weise streiten wollten, unterwerfen würden; und daß alle die Schlüsse und Bestimmungen, welche sie gäben und gegeben hätten und wenn sie noch andere in diesem Glaubens=Geschäft in Zukunft geben würden, von ihnen in aufrichtiger Absicht abgefaßt worden seyn. Und, weil es ihnen geschienen hätte und noch scheine, daß sie dem Recht und der Billigkeit gemäß auf diese Weise abgefaßt werden müsten, so baten sie uns obgemeldete Notarien, daß wir es zum Zeugniß unterzeichnen möchten und ersuchten die gegenwärtige Personen, Zeugen desselben zu seyn.

Der Inhalt dieser gedachten Schrift und der Artikel, die darin enthalten, ist von Wort zu Wort folgender:

Puncte, welche sie bestimmten und worüber der hochwürdige Pater Prior des Klosters des heiligen Creuz, Beichtvater des Königs und der Königinn, unserer Herrn, General=Inquisitor der Reiche Castilien und Aragonien und die ehrwürdigen Väter=Inquisitoren der Stadt Sevilla, Cordova, Villa=

Villa-Real und Jaen, wie auch die andern auf Königlichem Befehl zusammenberufene Gelehrte, in der Furcht des Höchsten ihr Gutachten gaben, betrafen sowol die Art des Verfahrens als auch die dabey zu beobachtende Ordnung, die sie halten solten, nebst anderen hieher gehörigen Sachen, das auf den Dienst Gottes und Ihrer Hoheiten zweckte.

Art. 1.

Das erste, was die Herrn Inquisitoren und Gelehrten vortrugen, war dieses: Jedesmal, wenn in einer Dioeces, Stadt, Flecken oder irgend einem andern Orte, in welchem bisher keine Inquisition über besagtes Verbrechen der ketzerischen Irrthümer und Abfall des Glaubens gehalten worden, zum erstenmal Inquisitoren gesetzt würden, solten sie, sobald sie in dem Ort, wo sie angestellt werden, die Vollmacht und Beglaubigungs-Schreiben, welches sie in den Stand setzt, Inquisition zu halten, dem Prälaten, Capitel der vornehmsten Kirche oder Herrn Richter und eben so dem Corregidor und Regidor einer solchen Stadt oder Flecken und dem Gutsherrn, wenn der Ort nicht Königlich wäre, vorgezeigt haben, alles Volk durch einen Herold auffordern und eben so die Klerisen an einem Festtag zusammenberufen und

befeh-

befehlen, daß sie sich in die Cathedral- oder der vornehmsten Kirche, welche in dem Orte seyn möchte, versammlen sollten, um eine Predigt anzuhören, die nach dem Belieben der Inquisitoren entweder einer von ihnen selbst halte oder ein anderer guter Prediger. In dieser Rede sollen die Rechte, Vollmacht und Absicht, warum die Inquisitoren kommen, so erklärt werden, daß das Volk Beruhigung und gute Erbauung erhalte, und am Ende derselben der Befehl ergehen, daß alle getreue Christen die Hände aufheben, sich vor ein Creuz und den Evangelien stellen und schwören, die heilige Inquisition und ihre Diener zu begünstigen und ihnen keine Hinderniß, weder gerade zu, noch versteckt, noch unter irgend einen gesuchten Vorwand in den Weg zu legen, noch zu verlassen.

Dieser Eid soll besonders den Corregidoren oder andern Gerichts-Personen einer solchen Stadt, Flecken oder Orts abgenommen werden und zwar in Gegenwart der Notarien der Inquisition.

Art. 2.

Ferner: Am Ende dieser Rede sollen sie ein gut abgefaßtes Ermahnungs-Schreiben ablesen lassen und bekannt machen, mit Censuren gegen diejenigen überhaupt, welche Aufrührer und Widersprecher seyn möchten.

Art. 3.

Desgleichen: Am Beschluß eben dieser Rede sollen die Inquisitoren einen Gnaden-Termin offentlich bekannt machen von dreyßig oder vierzig Tagen, wie sie es am besten finden. In diesem Zeitraume sollen alle diejenigen Personen — sowol Männer als Frauen die sich irgend einer Sünde der Ketzerey oder des Abfalls vom Glauben schuldig wissen, oder diejenige, welche Gebräuche und Ceremonien der Juden oder irgend einige andere dem Christenthum widrige Gebräuche beobachten, erscheinen, und in dieser Zeit ihre Irrthümer den Inquisitoren selbst anzeigen.

Allen diesen, welche so kommen, mit wahrer Zerknirschung und Reue ihre Irrthümer und alles was sie, besagtes Verbrechen betreffend, gewiß wissen und sich erinnern, so wohl von sich selbst als von irgend einem andern, in diesen Irrthum gefallenen, anzeigen, soll die Versicherung einer liebreichen Aufnahme gegeben werden, wenn sie ihre besagten Irrthümer abschwören wollen. Und wegen dieser so bekannten Verbrechen sollen ihnen heilsame Bussen für ihre Seelen aufgelegt

gelegt werden, sie sollen keine Todesstrafe noch ewige Gefängnißstrafe leiden, ihre Güter sollen ihnen nicht genommen oder eingezogen werden, denn Ihro Hoheiten wollen allen Gnade erweisen, welche also kommen, sich aufrichtig in besagtem Gnadentermin wieder zu versöhnen und in die Gemeinschaft der heiligen Mutter der Kirche aufgenommen zu werden.

Man soll ihnen versichern, daß sie nicht das geringste von ihren Gütern verlieren noch einiges zu geben haben, außer wenn die Inquisitoren nach ihrem Gefallen, in Rücksicht auf den Stand der Personen und der bekannten Verbrechen, solchen Versöhnten irgend einige Geldstrafe auferlegen möchten. Außer dieser Huld und Gnade, welche Ihro Hoheiten geruhen, gemeldten Versöhnten zu erweisen, befehlen sie, daß ein offener Brief mit ihrem untergedrucktem Siegel ausgefertiget werde, dessen Inhalt in das öffentliche Edict, welches die Inquisitoren auf diese Art ausstellen, eingerückt werde.

Art. 4.

Ferner finden sie gut, daß alle, welche so wohl innerhalb der Gnadenzeit als auch nachher, um wieder zu Gnaden aufgenommen zu werden, erscheinen, ihre Bekenntniße schriftlich vor genannten Inquisitoren und einem Notarius mit zwey oder drey Zeugen, aus den Inquisitions - Beamten oder andern rechtschaffenen Personen, in der Gerichtsstube vorlegen sollen. Nach Vorlegung dieser Bekenntniße solle von jedem solcher Reuigen, so wohl über den Inhalt des Bekenntnißes selbst, als über andere Dinge, welche sie wißen möchten oder über welche sie gefragt werden sollten, nach aller Rechtsform in Eid genommen werden: Man soll sie fragen, wegen der Zeit, zu welcher sie jüdische Grundsätze angenommen und einen Irrthum im Glauben hatten, seit wann sie dem falschen Glauben entsagt und Reue darüber gehabt und von welcher Zeit an sie unterlaßen, diese Ceremonien zu beobachten.

Man soll auch nach einigen Umständen deßen was sie bekannt haben, fragen, damit die Inquisitoren sehen, ob solche Bekenntniße wahr sind, besonders sollen sie ihn fragen nach den Gebeten, die sie beten und mit welchen Personen sie sich versammelten, um eine Predigt von dem Gesetz Mosis zu hören.

Art. 5.

Desgleichen beschloßen sie, daß die Inquisitoren diejenige Personen, die auf gemeldete

dete Art kommen würden, ihre Irrthümer zu bekennen, um wieder in die Gemeinschaft der heiligen Mutter der Kirche aufgenommen zu werden, ihre Irrthümer öffentlich abschwören lassen sollten, wenn sie zu Gnaden aufgenommen würden. Sie sollen ihnen nach ihrem Belieben und Gefallen öffentliche Bußübungen auflegen, doch mit Barmherzigkeit und Güte, so weit es sich nemlich mit gutem Gewissen thun läßt. Keinem der abschwört soll eine heimliche Strafe aufgelegt werden, ausgenommen, wenn das Verbrechen so geheim wäre, daß es keine andre Person wüßte, noch wissen könnte, als der schuldige. Denn in diesem Falle kann jeder Inquisitor einen solchen Sünder, dessen Verbrechen geheim war, und durch niemand entdeckt werden konnte, zu Gnaden aufnehmen und insgeheim lossprechen. Denn also ist es Rechtens.

Art. 6.

Ferner beschlossen sie, daß da die Ketzer und vom Glauben abgefallene, wenn sie gleich zum catholischen Glauben zurückgekehrt und auf irgend eine Art wieder zu Gnaden aufgenommen worden, von Rechtswegen infam sind; Und da sie ihre Bußübungen in Demuth erfüllen, ihren Irrthum bereuen müssen, so sollen ihnen die Inquisitoren befehlen,

len, daß sie nicht verwalten noch verwalten können, weder öffentliche Bedienungen, noch Kirchendienste, daß sie weder Prokuratoren, noch Pächter, weder Apotheker noch Specereyhändler, weder Aerzte noch Wundärzte, noch Bader (Sangradores) noch Mäkler (Corredores) seyn können, daß sie nicht tragen sollen noch tragen können weder Gold noch Silber, weder Corallen noch Perlen, weder Edelsteine noch andere Sachen; daß sie sich nicht kleiden sollen weder in Seide noch in Chamelot, und daß sie es nicht an ihren Kleidern oder Anzug tragen, und daß sie nicht reiten noch Waffen führen, so lange sie leben, unter der Strafe der rückgefallenen Ketzer, wenn sie das Gegentheil thun; eben so wohl als diejenige, welche, nachdem sie wieder zu Gnaden aufgenommen worden sind, die Bußübungen, die ihnen auferlegt waren, nicht erfüllen wollen noch erfüllen.

Art. 7.

Ferner beschlossen sie, weil das Verbrechen der Ketzerey und des Abfalls vom Glauben sehr verboten sey, (wie es wirklich ist,) und damit die wieder zu Gnaden aufgenommenen durch die ihnen auferlegte Strafen erkennen, welches schwere Verbrechen sie begangen und wie sehr sie gegen unsern Heiland Jesum

Jesum Christum gesündiget haben, (wie sehr man auch gegen sie große Barmherzigkeit und Güte beweise, indem man ihnen die Strafe der Verbrennung und der ewigen Gefangenschaft vergebe,) daß wenn sie kommen und ihre Irrthümer in der Gnadenzeit bekennen, so sollen die Inquisitoren außer den andern Strafen, welche sie diesen wieder zu Gnaden aufgenommenen auferlegt haben, ihnen befehlen, daß sie einen gewissen Theil ihrer Güter als Almosen geben, je nachdem es ihnen gut vorkommen wird; doch sollen sie auf den Stand der Person, auf die im Bekenntniß abgelegten Verbrechen, auf die Zeit der Dauer und die Größe derselben Rücksicht nehmen. Diese aufgelegte Strafgelder sollen zur Beyhülfe und Unterstützung des heiligen Krieges, welchen der durchlauchtigste König und Königinn gegen die Mauren von Granada, die Feinde unsers heiligen catholischen Glaubens, führen, wie nicht weniger zu andern frommen Zwecken, die sich künftig zeigen möchten, angewandt werden. Denn wie diese Ketzer und vom Glauben abgefallene durch ihr Verbrechen unsern Herrn und unsern heiligen Glauben sehr beleidiget haben, so sollen sie ihnen auch, nachdem sie wieder aufgenommen und mit der Kirche vereiniget sind, zur Vertheidigung des heiligen Glaubens

bens Geldbussen auferlegen, nach dem Belieben und Gutdünken der Inquisitoren und nach der Vorschrift, welche ihnen der hochwürdige Pater Prior des Klosters zum heil. Creuz geben wird.

Art. 8.

Ferner beschlossen sie, wenn irgend eine oder mehrere Personen, von denen, welche sich des Verbrechens der Ketzerey schuldig wissen, sich nicht in der Gnadenzeit einfinden, sondern erst nach Verfluß der Zeit und des Termins kommen, und ihr Bekenntniß in gehöriger Form ablegen, ehe sie gefangen gesetzt und vor die Inquisitoren vorgefordert, oder Beweise von andern Zeugen gegen sie hat, so sollen solche auf gleiche Weise zur Abschwörung und Vergebung ihrer Verbrechen aufgenommen werden, wie die, welche sich während jenes Gnadentermins eingestellt und aufgenommen worden sind. Es sollen ihnen aber willkührliche Strafen, nur keine Geldstrafen auferlegt werden, weil die Güter die sie haben, eingezogen sind. Wenn aber die Inquisitoren zu der Zeit, wenn solche Leute kommen, um wieder aufgenommen zu werden und ihre Irrthümer zu bekennen, schon von Zeugen Nachricht wegen ihrer Ketzerey oder Abfalls vom Glauben haben,

oder

oder sie durch einen Befehl vorgeladen hatten, vor ihnen zu erscheinen, um sich wegen dieses Verbrechens zu rechtfertigen; so sollen solche zwar zu Gnaden aufgenommen werden, (wenn sie ihre Irrthümer und das, was sie von andern wissen, wie gesagt ist, völlig bekannt haben,) aber ihnen willkührl. und schwerere Bußübungen, als den ersteren, auferlegt werden, weil sie nicht während der Gnadenzeit gekommen sind. Sollten sie sehen, daß es die Sache erfordere, so können sie auch ewige Gefängniß-Strafe auflegen. Aber niemand, der nach dem Zeitraume des Gnaden-Edicts kommt und sich einfindet, um wieder zu Gnaden aufgenommen zu werden, sollen Geldstrafen auferlegt werden, denn der Wille des Königs und der Königinn, unserer Herrn, ist nicht, ihnen ihre Güter zu erlassen, ausgenommen, wenn ihre Hoheiten nachher für gut finden, einige von denen, welche also zu Gnaden aufgenommen worden, ihre Güter ganz oder zum Theil zu schenken.

Art. 9.

Sie fanden ferner gut, daß wenn Söhne und Töchter von Ketzern, nachdem sie in besagtem Irrthume durch Lehre und Unterricht ihrer Eltern gefallen sind, wenn sie jünger als

als zwanzig volle Jahre wären, kommen würden, um wieder zu Gnaden aufgenommen zu werden, und die Irrthümer, welche sie von sich, ihren Eltern, oder von irgend einer andern Person wissen, zu bekennen, so sollen die Inquisitoren solche jüngere, wenn sie auch nach der Gnadenzeit kommen sollten, gütig aufnehmen, und mit leichteren und nicht so schweren Bußübungen, als andre erwachsene belegen, und Sorge tragen, daß sie in dem Glauben und in den Sacramenten der heiligen Mutter der Kirche Unterricht erhalten, denn diese entschuldigt das Alter und die Erziehung von ihren Eltern.

Art. 10.

Ferner fanden diese Herren für gut, daß inmaaßen diese Ketzer und vom Glauben abgefallene eben dadurch, daß sie in dieses Verbrechen fallen und dessen schuldig sind, alle ihre Güter und die Verwaltung derselben, von dem Tage an, da sie es begangen haben, verlieren, so sollten besagte ihre Güter und das Eigenthums-Recht darauf, eingezogen werden, und der Kammer und dem Fisco Ihrer Hoheiten heimfallen, wenn solche Ketzer Layen und Weltliche sind.

Bey Erklärung über die Wiederaufgenommenen sollen die Inquisitoren die Vorschrift

schrift beobachten, welche Johann Andreas
abgefaßt hat, die schon gewöhnlich ist und
beobachtet wird, nemlich, daß sie erklären,
daß solche Ketzer und Abtrünnige gewesen
sind, die Gebräuche und Ceremonien der
Juden gefeyert haben und in die rechtliche
Strafen gefallen sind; aber, weil sie sagen,
daß sie sich bekehren und zu unserm heiligen
Glauben mit reinem Herzen und mit wahren
ungeheuchltem Glauben zurückkehren wollen,
und daß sie bereitwillig sind, die Bußübungen, welche man ihnen vorschreiben und auferlegen würde, anzunehmen und zu erfüllen,
so sollen sie sie von der Strafe des Kirchenbannes, in welchen sie durch dieses Verbrechen gefallen sind, frey und lossprechen und
mit der heiligen Mutter der Kirche wieder
versöhnen, wenn es so ist, wie sie sagen,
daß sie sich ohne Heucheley und in Wahrheit zum heiligen Glauben bekehrt haben und
bekehren.

Art. II.

Ferner beschlossen sie, daß, wenn einer
von gedachten Ketzern oder Abtrünnigen,
nachdem er, nach vorhergegangener rechtlichen
Information um ihn gefangen zu nehmen,
in Verhaft genommen und ins Gefängniß
gelegt ist, erklärt, daß er wünsche zu Gna-

den aufgenommen zu werden und alle seine
Irrthümer, die Gebräuche der Juden, welche
er gehalten und das, was er von andern wisse,
vollkommen, ohne das mindeste zu verhehlen,
bekannt und zwar auf eine solche Art, daß
die Inquisitoren nach ihrer Meinung und
Gutdünken erkennen und vermuthen müssen,
daß er sich bekehre und bekehren wolle, sollen
sie ihn wieder zu Gnaden aufnehmen, mit
der Strafe einer immerwährenden Gefangen=
schaft, wie es das Recht erfordert, ausge=
nommen, wenn die Inquisitoren gemein=
schaftlich mit dem Ordinario und der Ordi=
narius mit ihnen, in Rücksicht auf die
Reue des Bußfertigen und die Beschaffenheit
seines Bekenntnisses, ihm die Strafe erlassen
und die Gefängnißstrafe in eine andere Buß=
übung, wie es ihnen gut dünken wird, ver=
ändern; dieses Gutachten wird am meisten
in dem Fall statt haben, wenn besagter Ketzer
und Abtrünniger bey der ersten Sitzung oder
Erscheinung vor Gericht, ohne anderes Ge=
genzeugniß zu erwarten, sagen würde, er
wolle bekennen und abschwören und besagte
Irrthümer wirklich abschwört, ehe die Zeu=
gen, welche gegen ihn deponirt haben, be=
kannt gemacht sind, oder er weiß, was sie
sagen und wieder ihn zeugen.

Art.

Art. 12.

Desgleichen wenn dem, der vor Gericht angegebenen und wegen des Verbrechens der Ketzerey und Abfalls vom Glauben angeklagt ist, der ordentliche Proceß gemacht ist, die Reden und Aussagen der Zeugen, die gegen ihn das Zeugniß abgelegt haben, zu wissen gethan worden; so soll er nichts destoweniger Erlaubniß haben, seine Irrthümer zu bekennen und zu bitten, daß er wieder zu Gnaden aufgenommen werde, indem er sie förmlich abschwört, bis zum Endurtheil exclusive. In solchem Falle sollen die Inquisitoren ihn wieder zu Gnaden annehmen, mit Strafe einer ewigen Gefangenschaft, zu welcher sie ihn verdammen sollen, ausgenommen, wenn sie in Rücksicht auf die Form seines Bekenntnisses und in Betracht einiger andern Vermuthungen, nach ihrer Einsicht finden, daß die Bekehrung und Wiederversöhnung eines solchen Ketzers erdichtet, verstellt, nicht aufrichtig sey, und sie keine gute Hofnung von seiner Bekehrung fassen können, denn in solchem Falle sollen sie ihn für einen unbußfertigen Ketzer erklären und ihn dem weltlichen Arm übergeben, welches alles dem Gewissen dieser Inquisitoren überlassen ist.

Art. 13.

Desgleichen fanden besagte Herren für gut, daß, wenn einer oder einige, welche zu der Gnadenzeit gekommen, um sich wieder zu Gnaden aufnehmen zu lassen oder hernach, nachdem sie wieder zu Gnaden aufgenommen worden, nicht vollkommen die Wahrheit von alle dem, was sie von sich und andern, wegen dieses Verbrechens wußten, bekannt haben, besonders in wichtigen und ausgezeichneten Fällen und Handlungen, von denen man wahrscheinlich vermuthen kann, daß sie es nicht aus Vergessenheit, sondern aus Bosheit unterlassen haben, zu sagen und hernach sich durch die Zeugen das Gegentheil erweißt, so daß es scheint, daß solche wieder zu Gnaden aufgenommene einen Meineid gethan haben und zu vermuthen ist, daß sie aus Verstellung gekommen sind, sich wieder zu Gnaden annehmen zu lassen, so soll man gegen solche, wenn sie gleich losgesprochen sind, wie gegen Unbußfertige, gerichtlich verfahren, nachdem zuerst gedachte Erdichtung und Meineid erwiesen ist. Desgleichen ist ihre Meinung, daß wenn irgend einer von denen, die zu der Gnadenzeit oder hernach zu Gnaden aufgenommen worden, öffentlich oder ver andern Personen, so, daß es bewiesen werden kann, prahlen oder sich rühmen sollte,

daß

daß er die Irrthümer, die er auf sich bekannt, nicht begangen habe, oder daß er nicht so sehr irrte, als er bekannte; so soll ein solcher für einen Unbußfertigen gehalten werden, für einen, der geheuchelt und blos vorgegeben habe, daß er zum Glauben umkehre, und die Inquisitoren sollen gegen ihn als wie gegen einen, der nicht zu Gnaden aufgenommen ist, verfahren.

Art. 14.

Ferner beschlossen sie, daß, wenn einer, der angeklagt und dessen Verbrechen untersucht worden, es leugnen und auf seinem Leugnen bis zum Ausspruch beharren sollte, und das Verbrechen wäre vollständig gegen ihn erwiesen, so sollen und können sie einen solchen angeklagten, wenn er schon den catholischen Glauben bekennt und versichert, daß er stets ein Christ gewesen sey und noch sey, für Ketzer erklären und verdammen, weil das Verbrechen gerichtlich erwiesen ist: denn der Verbrecher giebt der Kirche keine gebührende Genugthuung, so, daß sie ihn frey sprechen und ihm Barmherzigkeit erweisen kann, weil er seinen Irrthum nicht bekannt hat. Aber in solchem Falle sollen die Inquisitoren vorsichtig verfahren, die Zeugen genau verhören und zu erfahren suchen, welche Personen

sonen es sind, ob sie es aus Haß, Neid oder einer andern bösen Leidenschaft ausgesagt haben, und sie sollen sie mit großer Genauigkeit nochmals verhören und durch andere Zeugen sich nach dem Umgang, Ruf und Gewissen der Zeugen, die gegen den Angeklagten ausgesagt haben, erkundigen, welches alles ihrem Gewissen überlassen wird.

Art. 15.

Imgleichen, wenn besagtes Verbrechen halb erwiesen scheint, und die Inquisitoren gemeinschaftlich mit dem Ordinarius berathschlagen, den Beklagten auf die Tortur zu bringen, und er auf derselben besagtes Verbrechen bekennt, und hernach, nachdem er von der Tortur befreyt ist, nach einer Frist — am folgenden oder dritten Tag — sein Bekenntniß vor Gericht bestätigt und bekräftigt, so soll dieser als ein Ueberwiesener gestraft werden. Sollte er aber dieses Bekenntniß zurücknehmen und widerrufen — wenn anders das Verbrechen nicht vollkommen erwiesen ist, so sollen die Inquisitoren, wegen der Beschimpfung und Verdacht, der aus dem Proceß gegen solchen Angeklagten entsteht, befehlen, daß er öffentlich den Irrthum, dessen er berüchtigt und verdächtig ist, abschwöre, und ihm eine willkührliche Bußübung auflegen,

gen, in welcher sie mitleidig gegen ihn verfahren sollen. Diese Form sollen sie beobachten, so oft das Verbrechen nur halb erwiesen ist, denn nach dem obengesagten ist es den Inquisitoren nicht benommen, ihn noch einmal auf die Tortur zu bringen, im Fall, daß sie es nach dem Recht thun müssen und können.

Art. 16.

Ferner ist es diesen Herren, nach gehöriger Information, bekannt und kund geworden, daß von der öffentlichen Bekanntmachung der Namen und Personen der Zeugen, die wegen besagten Verbrechens ausgesagt haben, diesen Zeugen großer Schade und Gefahr, so wohl wegen ihrer Person, als wegen ihrer Güter, erwachsen könnte, wie die Erfahrung es gezeigt hat und noch beweißt, daß deren einige von diesen Ketzern, um dieser Ursache willen, getödtet, verwundet oder mißhandelt worden. Da nun in den Königreichen Castilien und Arragoniens eine große Anzahl von Ketzern ist, so können die Inquisitoren um dieser großen Gefahr und Schadens willen die Namen oder Personen solcher Zeugen, die wider diese Ketzer Zeugniß abgelegt haben, nicht öffentlich bekannt machen. Aber sie sollen, wenn der Beweis geführt ist und die Zeugen wieder verhört worden sind, das, was von ihnen ausgesagt und wider sie gezeugt worden ist, öffentlich bekannt machen, doch mit Verschweigung ihrer Namen und solcher Umstände, aus welcher der angegebene Beklagte die Personen, die gezeugt haben, erkenne; auch können sie ihm, wenn er es verlangt, eine Abschrift in besagter Form mittheilen. Sollte der angegebene Beklagte bitten, ihm einen Advokaten und Sachwalter zu geben, der ihm beystehe, so sollen die Inquisitoren ihm einen geben, dem Advokaten aber einen förmlichen Eid abnehmen, daß er dem Beklagten treulich beystehe, seine rechtmäßige Vertheidigungen, und alles das, was das Recht gestattet, nach der Eigenschaft dieses Verbrechens, anführe, ohne Chikane (cavillationes) und boshaften Aufschub zu machen und zu veranlassen. Sollte er wissen und erkennen, daß in irgend einem Theil des Processes seine Parthey nicht Recht hat, so soll er ihr nicht mehr beystehen und es den Inquisitoren sagen. Dem Angeklagten sollen sie von seinem Vermögen, wenn er einiges hat, so viel geben, daß er den Gelehrten und Sachwalter bezahlen kann, ist er aber arm, so sollen sie ihm von andern eingezogenen Gütern bezahlen lassen, denn ihre Hoheiten wollen und befehlen, daß es also gehalten werde.

Art.

Art. 17.

Imgleichen sollen die Inquisitoren selbst, in eigener Person, die Zeugen annehmen und verhören und die Untersuchung nicht durch einen Notarius oder einer andern Person verrichten lassen, außer, wenn der Zeuge so krank wäre, daß er nicht vor dem Inquisitor erscheinen könnte und es sich für ihn nicht schickte, hinzugehen, um seine Aussage zu vernehmen, oder er verhindert würde; In solchem Falle könnte der Inquisitor die Untersuchung des Zeugen, dem ordentlichen geistlichen Richter des Orts oder einer andern vorsichtigen und rechtschaffenen Person, die gut auszutragen weiß, nebst einem Notario anvertrauen, welcher alsdann von der Form und von der Art, wie der Zeuge ausgesagt hat, ihm Bericht abstatten soll.

Art. 18.

Ferner erwogen sie und fanden gut, daß bey der Tortur, wenn sie müßte vorgenommen werden, die Inquisitoren und der Ordinarius, oder einer von ihnen gegenwärtig seyn sollen. Wenn es ihnen gut dünkt, dieses Geschäft einer andern Person auszutragen, weil sie es nicht wohl thun könnten oder Verhinderung hätten, so sollen sie zusehen, daß eine solche Person, welcher sie obengemel-

detes übertragen, ein verständiger, treuer
Mann, von gutem Ruf und Gewissen sey,
von welchem man nichts erwarten könne, daß
er aus Haß, Leidenschaft oder Interesse ge=
reizt würde, etwas zu thun, das er nicht
thun sollte.

Art. 19.

Desgleichen beschlossen sie, daß die In=
quisitoren gegen diejenigen, die dieses Ver=
brechens schuldig befunden würden, wenn sie
abwesend wären, dennoch den Proceß ma=
chen, und sie durch öffentliche Edicte vor=
laden sollten, welche sie an den Thoren der
vornehmsten Kirche desselben Orts oder der
Orte, wo sie wohnhaft waren, anschlagen
und anheften lassen sollen. Diese Processe
können auf eine dieser drei Arten angestellt
werden:

Erstlich: Nach der Form des Capitels,
cum contumacia de haereticis: Buch 6.;
nemlich durch Vorladung und Warnung,
daß sie erscheinen, um sich zu vertheidigen und
zu rechtfertigen, wegen gewisser Artikel die den
Glauben betreffen und gewisser Verbrechen
der Ketzerey, u. s. w. unter der Strafe des
Banns, mit seinen Warnungen (moni=
ciones) wie es gebräuchlich ist. Wenn sie
nicht

nicht erscheinen, so sollen sie dem Fiscal befeh=
len, daß er sie wegen ihrer Widerspenstig=
keit anklage und strengere Befehle verlange,
um sie anzuklagen. Wenn sie aber ein gan=
zes Jahr in ihrer Hartnäckigkeit und Wider=
spenstigkeit beharren, so sollen sie förmlich
für Ketzer erklärt werden. Dieser Proceß ist
der sicherste und gelindeste.

Die zweyte Form ist, wenn es den
Inquisitoren scheint, daß das Verbrechen
gegen einen Abwesenden vollkommen erwie=
sen werden kann, so sollen sie ihn durch ein
Edict, wie gesagt, vorladen, damit er komme,
um sich zu rechtfertigen und seine Unschuld
zu beweisen innerhalb 30 Tagen, welche in
drey Terminen, von 10 zu 10 Tagen, gerech=
net werden sollen; oder sie sollen ihm noch
einen längeren Zeitraum gestatten, wenn sie
sehen, daß es erforderlich ist, nach Entfer=
nung der Oerter, wo man vermuthet oder
vermuthen muß, daß solche vorgeladene sich
aufhalten und sollen sie sie durch alle Gänge
dieses Processes bis zum Endurtheil inclusive
vorfordern. Aber in dem Fall, wo der An=
geklagte nicht erscheint, soll seine Widerspen=
stigkeit in allen gesetzten Zeiten des Edicts an=
geklagt werden, und sie sollen sein Angeben
vor Gericht und die Anklage des Fiscals an=
nehmen

nehmen und ihm förmlich den Proceß machen. Wenn das Verbrechen völlig erwiesen scheint, so können sie den Abwesenden verdammen, ohne länger auf ihn zu warten.

Die dritte Art, die man in diesem Proceß gegen Abwesende beobachten kann, ist diese, daß die Inquisitoren, wenn sich bey der gerichtl. Untersuchung des Inquisitions= Processes eine Vermuthung der Ketzerey gegen den Abwesenden vorfindet oder entsteht, wenn gleich das Verbrechen noch nicht völlig erwiesen ist, ihr öffentliches Edict gegen einen solchen Augegebenen und dieses Verbrechens Verdächtigen geben, und ihm befehlen, daß er in einem gewissen Zeitraum erscheine, sich zu rechtfertigen und förmlich von diesem Irrthum zu reinigen, mit der Ankündigung, daß, wenn er nicht erscheine, diese Reinigung anzunehmen und zu leisten, oder sich nicht rechtfertigen oder reinigen würde, sie ihn für überwiesen halten und gegen ihn nach den Rechten verfahren werden. Und diese Form des Processes ist um etwas strenger, aber in dem Recht wohl gegründet, und die Inquisitoren, da sie verständige und gelehrte Männer sind, werden den Weg erwählen, der ihnen am sichersten zu seyn deucht, und den sie am besten, nach der Verschiedenheit

der

der Fälle, die sich ihnen darbieten werden, befolgen können.

Art. 20.

Imgleichen fanden besagte Herren für gut, daß so oft als die Inquisitoren in den Registern und in den Inquisitions-Processen hinlänglich Nachricht von Zeugen fänden, welche gegen einen oder mehrere schon verstorbene Personen über dieses Verbrechen der Ketzerey oder Abfall des Glaubens, Zeugniß abgelegt haben, wenn auch gleich seit ihrem Tode 30 oder 40 Jahre möchten verflossen seyn, so sollten sie dem ersten Fiscal (promotor fiscal) befehlen, daß er sie bey ihnen angäbe und anklage, damit sie öffentlich für Ketzer und für Abgefallene vom Glauben nach der Form Rechtens erklärt und anathematizirt werden, und daß ihre Körper und Gebeine ausgescharrt und aus den Kirchen, Klöstern und Kirchhöfen herausgeworfen werden, und damit die Güter, welche solchen Ketzern gehörten und sie hinterlassen, als der Kammer und dem Fiscus des Königs und der Königin, unserer Herrn anheimgefallen und eingezogen erklärt werden. Zu dem Ende sollen die Kinder und alle andern, die sich als Erben solcher Verstorbenen angeben und alle die andern Personen, welchen obgemeldete Sache an-

angeht, oder auf irgend eine Art angehen kann, vorgefordert werden; und diese Vorladung soll unmittelbar an die Erben und die erweißliche Erbfolger, die in dem Ort gegenwärtig sind, geschehen; An die andern obengemeldte Personen durch einen Befehl. Und wenn solche Kinder als Erben, nachdem man ihnen Erlaubniß zur Vertheidigung gegeben oder der Proceß bey ihrer Abwesenheit und Widerspenstigkeit geführt worden, nicht vor Gericht erscheinen, weder sie selbst noch einer von ihnen, so daß die Inquisitoren das Verbrechen als erwiesen ansehen und besagtem Verstorbenen, wie gedacht ist, verdammen: so sind gedachte Herren der Meinung, daß der Fiscus ihrer Hoheiten, die Güter, welche ein solcher Verdammter hinterlassen, mit seinem erworbenen Gewinn, jedem Erben oder Nachfolger in deren Händen sie sich befinden, nehmen und an sich ziehen könne.

Art. 21.

Ferner befehlen die Durchlauchtigste, der König und die Königinn, unsere Herrn, und halten es für gut, (es versteht sich von selbst, daß die Inquisition über dieses Verbrechen in den Herrschaften der Grandes und Rittern des Königreichs, wie in den Königlichen gleichförmig geschehe,) daß sowol die gegenwärwärtigen als die zukünftigen Inquisitoren, ein jeder von ihnen in seinem Bezirk, eine Vorschrift gebe und geben solle, wie sie besagte Inquisition, in den Herrschaften der Ritter ausüben wolle und ausübe, so wie sie sie ausüben in den Königlichen. Zu dem Ende sollen sie besagte Ritter durch Vorstellungen ersuchen, daß sie einen Eid ablegen und alles das vollbringen, was sie dem Recht nach verbunden sind zu schwören und in dem Geschäft des Glaubens zu erfüllen und daß sie ihnen ihr Gebiet öffnen, damit sie besagte Inquisition in demselben, frey und ungehindert halten können und halten. Sollten sie nicht gehorchen, noch die Befehle dieser Inquisition erfüllen wollen, so sollen sie gegen die Widerspenstigen und Halsstarrigen mit allen Censuren und Strafen, die in dem Recht festgesetzt sind, verfahren.

Art. 22.

Imgleichen bestimmten sie, daß wenn die Personen, die wegen ihrer Verbrechen, dem weltlichen Arm übergeben oder zur ewigen Gefängnißstrafe verdammt worden sind, minderjährige Söhne oder Töchter, die noch nicht verheyrathet sind, hinterlassen, so sollen die Inquisitoren Sorge tragen und Befehl geben, daß diese Waise, rechtschaffenen
Per=

Personen und catholischen Christen oder geistlichen Personen empfohlen werde, welche sie erziehen, unterhalten und sie in unserm heiligen Glauben zu unterrichten. Von diesen Waisen und von eines jeden derselben Zustand sollen sie ein Verzeichniß halten; denn Ihre Hoheiten geruhen, einem jeden von diesen, die es bedürfen und gute Christen sind, besonders an die verwaißten Mädchen, ein Allmosen zu ertheilen, damit sie sich verheyrathen oder in einen Orden begeben können.

Art. 23.

Ferner fanden sie für gut, daß, wenn irgend ein Ketzer oder Abtrünniger in der Gnadenzeit wieder aufgenommen wäre und Ihro Hoheiten solchen Aufgenommenen ein Gnadengeschenk mit den Gütern, die sie besitzen, gemacht hätten, so ist diese Gnade von denen Gütern zu verstehen, die sie durch ihr eigenes Verbrechen verloren haben oder unfähig waren zu besitzen; sollten aber diese Güter aus einem andern Grunde gerichtlich eingezogen worden seyn und Ihro Hoheiten zugehören, nemlich: weil der- oder diejenige, dem sie zufielen, wegen der Ketzerey oder irgend einer andern Ursache, sie verloren hätte und gerichtlich eingezogen worden wäre, so soll in solchem Fall, unerachtet dieser Gnade

und

und Wiederaufnehmung sie in eben diesen
Fiscus zurückgefordert und eingezogen werden,
denn diese wieder zu Gnaden aufgenommene
sollen keinen Vorzug haben vor andern catholischen Erbnehmern dieser Güter, welche
der Fiscus sie nehmen kann, wie es bereits
oben Art. 20. gemeldet ist.

Art. 24.

Und weil der König und die Königinn,
unsere Herrn, um Menschenliebe und Gnade
auszuüben, für gut gefunden haben, auch
Sclaven aller Art von Ketzer, wenn diese
Christen wären, so lang sie in ihrer Macht
standen, frey und ledig zu erklären, so fanden gedachte Herren für gut, daß wenn Jhro
Hoheiten den zu Gnaden aufgenommenen ihre
Güter wieder schenkten, diese Wohlthat sich
nicht auf die Sclaven erstrecken solle, sondern
daß sie immer frey und ledig seyn zum Besten
und Ausbreitung unsers heiligen Glaubens.

Art. 25.

Ferner beschlossen sie, daß die Inquisitoren, Assessoren der Inquisition und die andere Beamte desselben, so wie die Fiscal-Ad-
vocaten, Gerichtsdiener, Notarien und Thür-
hüter, sich hüten sollen Gaben oder Geschenke
weder von irgend einer Person, welche diese
Inquisition betreffen, noch von andern Personen

sonen für sie: und der Prior des Klosters
zum heiligen Creuz soll ihnen befehlen, nichts
anzunehmen, unter der Strafe des Banns
und des Verlusts ihrer Aemter, die sie bey
besagter Inquisition haben, und das was sie
also angenommen haben, doppelt wieder zu
erstatten und zu bezahlen.

Art. 26.

Desgleichen, daß die Inquisitoren sich
eifrig bemühen und dafür sorgen sollen, daß
sie alle in Einigkeit und gutem Vernehmen
leben, denn das ehrenvolle Amt, das sie führen, erfordert es, und aus der Uneinigkeit
unter ihnen könnten nachtheilige Folgen für
das heilige Amt entstehen. Sollte es sich zu-
tragen, daß irgend einer von gedachten Inquisitoren die Stelle und das Amt des Ordinarius verträte, so sollen sie nicht begehren,
noch sich anmaßen, einen größeren Vorzug
in dem Amte als ihr Mitgehülfe zu erhalten,
obgleich dieser die Stellen des Ordinarii nicht
vertritt, sondern der eine soll sich mit dem
andern gleich halten, so, daß kein Zwist unter ihnen Statt findet, indem die Ehre ihrer
Stellen und Würden ihnen bleibt. Sollte
aber irgend ein Zwist unter gedachten Inquisitoren entstehen, über welche sie unter sich
nicht einig werden können, so sollen sie es
geheim

geheim halten und alsbald dem hochwürdigen Pater Prior des Klosters zum heiligen Creuz zu wissen thun, daß er, als Oberer Einrichtungen treffe, nachdem er es gut finden wird.

Art. 27.

Desgleichen, daß gedachte Inquisitoren Sorge tragen sollen, daß die Beamte, welche sie in ihren Diensten haben, mit einander gut umgehen, in Einigkeit, gutem Vernehmen und anständig leben. Sollte einer von den Beamten eine Ausschweifung begehen; so sollen sie ihn in aller Liebe und mit aller Anständigkeit strafen, und wenn sie sehen, daß es erforderlich ist, so müssen sie es dem Herrn Prior anzeigen, daß Er ihn seines Dienstes entsetze und Vorkehrung mache, wie er am besten sieht, daß es zum Dienst unsers Herrn und Ihrer Hoheiten gereicht.

Art. 28.

Ferner beschlossen sie und hielten für gut, daß obgleich in den obigen Artikeln eine Vorschrift in der Verfahrungsart bey besagtem Verbrechen der ketzerischen Irrthümer wegen der zu Gnaden aufgenommenen, wie und wann es soll gehalten werden, enthalten sey, aber doch nicht alle Fälle und Umstände derselben (je nachdem noch etwas besonders vorkommen und an einem jeden Tage vorkommen

men kann) deutlich bestimmt werden können, so soll alles dem Ermessen und der Einsicht der Inquisitoren überlassen seyn, damit sie den Rechten gemäß, in dem was hier nicht konnte vorgeschrieben werden, nach ihrem Gewissen handeln, wie sie sehen, daß es zum Dienst Gottes und Ihrer Hoheiten gereicht. Diese genannte Schrift und die Artikel, die darin enthalten sind, haben die Herren Inquisitoren und Gelehrte uns den Notarien vorgelegt, nach der Vorschrift und auf die Art und mit den Protestationen, wie oben gemeldet ist.

Als Zeugen waren gegenwärtig die Weise und Ehrenveste (Honrados) Männer, Johann Lopez del Varco, Capellan der Königinn, unserer Frau, erster Fiscal (Promotor-fiscal) der heiligen Inquisition der Stadt Sevilla und Anton von Cordova und Macias von Cuba, Notarii der heiligen Inquisition der Stadt Cordova. Diese Instructionen waren unterzeichnet von Anton Nunnez, Geistlichen aus der Diöces Badajoz und gemeinschaftlich unterschrieben von Diego Lopez von Corregana, apostolische Notarien, und sie sind im Original bey der Inquisition zu Barcelona, wo ich Lope Diaz, Secretair, sie gesehen habe.

In=

Instruction, ausgefertigt zu Valladolid im Jahr 1488. von eben diesem Herrn Prior.

Da wegen der Verordnungen und Vorschriften, welche über die Einrichtung und den Proceß der heiligen Inquisition von dem Hochwürdigen Herrn Prior des Klosters zum heiligen Creuz, General=Inquisitoren in den Königreichen Castilien und Arragonien und den Herrschaften Ihrer Hoheiten, gemeinschaftlich mit den damaligen Inquisitoren und andern Gelehrten des Reichs aufgesetzt wurden, einige Zweifel und Fälle entstanden, wofür man Maaßregeln nehmen mußte, und zugleich nothwendig und dem heiligen Amt ersprießlich war in andern Dingen, die selbiges betreffen und welche in besagter Versammlung zu Sevilla nicht verhandelt worden waren, Einrichtungen zu machen und über alles dieses vestzusetzen und zu bestimmen, so daß es unserm Herrn (Jesus) zum Dienst gereiche, so ward von allen Inquisitoren und Beysitzern aller Inquisitionen der Reiche Castilien und Arragonien, die auf Befehl der Höchsten, Großmächtigsten, Erlauchten Fürsten des Königs und der Königinn,

ginn, unserer Herrn und des hochwürdigen Herrn Pater Priors des Klosters zum heil. Creuz versammlet waren, in gemeinschaftlicher Verhandlung und Berathschlagung mit dem Pater Prior, über die Gegenstände des heil. Amts, wobey sie Gott für Augen behielten und alles zu seinem Dienst und dem Dienst Ihrer Hoheiten einrichteten, beschlossen, daß darin folgende Form sollte beobachtet werden.

Art 1.

Zuerst berathschlagten sie sich über die Verordnungen und Sachen, welche in diesem Geschäfte der heil. Inquisition verschiedentlich ausgefertigt und verhandelt worden sind, besonders das, was in der Stadt Sevilla im Jahre 1484. in der Versammlung und Zusammenkunft der Inquisitoren, welche sich dazu auf Befehl Ihro Königl. Majestät und des Pater Priors des Klosters zum heil. Creuz einfanden, ausgemacht worden war, nachdem sie sie mit grossem Fleiß durchgesehen hatten, und weil das, was darin enthalten, gerecht und mit den Gesetzen übereinstimmend ist, so beschlossen sie, daß sie so, wie bisher geschehen, beobachtet werden sollten, ausgenommen das, was die gerichtlich eingezogenen Güter betrift, welches der Disposition der Gesetze überlassen bleibt.

Art.

Art. 2.

Desgleichen wurde, nach langem Streit unter diesen Herren, beschlossen, daß alle Inquisitoren dieser Reiche und Herrschaften in der Verhandlung des Processes, einerley Form und Vorschrift beobachten und die andern Sachen und Handlungen des heiligen Amts der Inquisition, so wie sie in der besagten Verordnung enthalten sind, vornehmen sollten.

In dieser Versammlung wurde vieles verhandelt, und zwar öffentlich vor allen, die sich dabey einfanden, weil aus der Verschiedenheit der Proceß-Form und des Verfahrens — ob sie gleich mit den Gesetzen übereinstimmten und wohl beybehalten werden könnten — Unzufriedenheit und andere Unannehmlichkeiten erfolgt sind und noch mehr erfolgen könnten.

Art. 3.

Desgleichen beschlossen und verordneten sie, das diejenige, die wegen dieses Verbrechens ins Gefängniß gesetzt worden, nicht durch Aufschub der Zeit in den Gefängnissen sollten gequält werden; sondern daß ihnen alsbald der Proceß gemacht werde, damit sie nicht Ursache haben, sich zu beklagen; und das daß man sie nicht aufhalten solle, weil man noch keinen vollständigen Beweis hat, denn wenn ein neuer Beweis hinzu kommt, so kann die Sache aufs neue verhandelt werden, ohne daß das gefällte Urtheil im Wege steht.

Art. 4.

Ferner wurde unter den gedachten Herren über die Schwierigkeiten gehandelt, welche sich täglich in den Inquisitionen dieser Königreiche zeigen, theils bey der Entscheidung und Untersuchung der Processe, die in den besagten Inquisitionen geführt werden, theils, weil man an einigen Orten keine Gelehrte haben kann, wenigstens nicht in der Menge, als die Inquisitoren es wünschten und die Arbeit es erfordert, um sich mit ihnen über gedachte Processe zu berathschlagen, und, wenn sie gleich einige haben oder haben könnten, diese doch nicht diejenige Treue und das Zutrauen besitzen, die dazu erforderlich sind, so daß einige der Inquisitoren nicht sicher sind oder ihr Gewissen beruhigen können, und daß sich, um eben dieser Ursache willen, die Entscheidung besagter Processe von einer Zeit zur andern verzieht, welches gegen den Willen der Gesetze ist. Da sie nun wünschten, solche Maaßregeln zu nehmen, daß alles dieses aufhöre, so beschlossen sie, daß alle die

Pro-

Processe, welche in irgend einer von gedachten Inquisitionen gehalten würden, die in den Königreichen und Herrschaften, Castilien sowohl als Arragon jetzo sind oder in Zukunft seyn werden, — daß, sobald sie durch die Inquisitoren geschlossen und geendiget sind, sie durch ihre Notarien eine Abschrift davon nehmen lassen, und indem sie die Originalacten verschlossen zurücklassen, die Abschriften in öffentlicher und authentischer Form, durch den Fiscal an den hochwürdigen Herrn Prior des Klosters des heil. Creuzes schicken, damit Ihro hochwürdige Paternität sie von den Gelehrten des Raths der heiligen Inquisition oder durch diejenige, die seine hochwürdige Paternität dazu tüchtig finden, durchsehen lasse, so daß sie daselbst durchgesehen und darüber berathschlaget werden. Zu einer solchen Entscheidung und Durchsicht soll der Fiscal, dem die Processe gehörten, kommen, um dabey gegenwärtig zu seyn und er soll der Berathschlagung und der Entscheidung beywohnen, damit er sie von einzelnen Umständen und andern Sachen, die vorkamen bey Untersuchung der Sachen zu der Zeit als die Inquisitoren den Proceß führten, unterrichten können, wenn es solche sind, welche weiteren Aufschluß in der Sache geben oder die Herzen derjenigen bewegen können, welche sie

nach-

nachsehen und darüber berathschlagen und
ihre Stimme geben sollen. Damit aber während der Reise des Fiscals die vorseyende Geschäfte, die zu seiner Inquisition gehören,
nicht gehindert werden; so soll er in seinem
Ort eine Person zurücklassen, welche die Inquisitoren angeben und ernennen werden und
der er dazu seine Vollmacht übertragen soll.
Dieses muß verstanden werden und statt finden bey denen Processen, die zweifelhaft sind,
wo die Gelehrte, welche sie durchsehen und
die Inquisitoren in der Entscheidung nicht
gleicher Meinung sind; oder wenn sie in der
Stadt, Flecken oder Ort, wo sie gegenwärtig sind, nicht solche oder soviel Gelehrte als
nöthig sind, haben können.

Art. 5.

Desgleichen, in Rücksicht auf die Absicht
der Gesetze und auf die nachtheiligen Folgen
und bösem Beyspiel, welche, wie die Erfahrung gezeigt hat, in vorigen Zeiten daraus
entstanden sind, daß man auswärtigen Personen erlaubt hat, die um besagten Verbrechens willen gefangene Leute zu sehen und zu
sprechen; wurde beschlossen, daß von nun
an die Inquisitoren, Gerichtsbediente, Kerkermeister oder andere Personen nicht erlauben noch gestatten sollen, daß auswärtige

Per-

Personen besagte Gefangene sehen und mit
ihnen sprechen, und, daß die Inquisitoren
sich bemühen sollen zu erfahren, ob das Gegentheil geschehe und denjenigen zu strafen,
der Erlaubniß dazu gegeben, ausgenommen,
wenn es Geistliche oder Priester sind, welche
auf Befehl der Inquisitoren sie besuchen können, zum Trost solcher Leute und zur Ent-
ladung ihrer Gewissen, und daß die Inquisitoren für sich selbst verbunden seyn sollen,
die Gefängnisse alle vierzehn Tage, wenn sie
keine Hinderniß haben, persönlich zu besuchen. Sollten sie aber verhindert werden,
so sollen sie es andern Personen, denen sie
am meisten trauen, übertragen, und die
Gefangene mit dem versehen, was sie bedürfen.

Art. 6.
Desgleichen beschlossen sie, um jeden
Verdacht und nachtheilige Folgen, welche
bis jetzo entstanden sind und auch in Zukunft
vorkommen könnten, zu vermeiden; daß bey
der Aufnahme der Zeugen und den andern
Handlungen und Sachen der Inquisition,
wo es sich geziemet, Stillschweigen zu beobachten, die Inquisitoren nicht zugeben noch
gestatten sollen, daß andere Personen als
solche, die von Rechtswegen dazu gehören,
gegen-

gegenwärtig seyn, außer dem Gerichtsbedienten, Einnehmer (Receptor) oder die andern Beamten der Inquisition, auf welche man keinen Argwohn hat, daß sie gegen ihre Pflicht handeln werden; und diese sollen es nicht für schwer halten, weil es zum Besten dieses heiligen Amts gereicht.

Art. 7.

Imgleichen beschlossen sie, daß alle Schriften der Inquisition, sie seyn, welche sie wollen, in guter Verwahrung in ihren Schränken seyn sollen, an einem öffentlichen Ort, wo die Inquisitoren ihr Inquisitions-Gericht zu halten pflegen, damit sie allemal, wenn es nöthig ist, sie zur Hand haben, und man soll nicht erlauben, daß sie herauskommen, um den Schaden der daraus entstehen könnte, zu vermeiden. Die Schlüssel gedachter Schränke, sollen zur Hand der Inquisitoren seyn, unter der Verwahrung der Notarien des heiligen Amts, durch deren Hände solche Schriften und Verhandlungen gehen. Und sie befehlen, daß dieses beobachtet werde, bey Strafe der Entsetzung des Amts für den, der das Gegentheil thut.

Art.

Art. 8.

Desgleichen, da sich öfters zuträgt, daß einige Ketzer und Abtrünnige aus einem Kirchsprengel gebürtig sind und in andern gelebt und sich aufgehalten haben, und um besagten Verbrechens willen, die Inquisitoren von verschiedenen Gebieten solche Personen belangen und ihnen den Proceß machen könnten, und es also möglich wäre, daß die einen sie freysprächen, und die andern sie verdammten, woraus einige Ungleichheit und Uneinigkeit zwischen den Inquisitoren entstehen könnte: so wurde beschlossen, daß so oft und wenn eine solche angeklagte Person durch die Inquisitoren des einen Theils vorgeladen, citirt oder ins Gefängniß gelegt worden ist; die andere Inquisitoren hernach in besagtem Verbrechen weiter nichts erkennen sollen, weil die erstere in der Ausübung ihrer gerichtlichen Macht ihnen zuvorgekommen sind. Die andere Inquisitoren sollen so bald sie solches in Erfahrung bringen, alle die Nachrichten, die sie gegen einen solchen Angeklagten, bey ihrer Inquisition haben und finden werden, in guter Verwahrung einschicken. Denn außer dem, daß es auch Rechtens ist, so trägt es vieles bey zum Wohl des heiligen Geschäfts, zur Eintracht der Inquisitoren und der Diener desselben.

Art. 9.

Desgleichen beschlossen sie, daß wenn man in einer Inquisition irgend einige Nachricht oder Zeugen vorfinden sollte, die der andern nützlich seyn könnten, so solle man sie mit ihrem eigenen Boten an die Inquisition, wo sie nöthig sind und zum Vortheil gereichen können, senden, und letztere sollen verbunden seyn die Reisekosten ihm zu bezahlen und zu vergüten, weil es in ihrer Sache und zu ihrem Vortheil geschieht.

Art. 10.

Desgleichen wurde gehandelt von den immerwährenden Gefängnißstrafen, mit welchen man viele belegen müßte, vorzüglich die mehresten Ketzer und Abtrünnige gegenwärtiger Zeiten, welche, nachdem sie sich gegen die göttliche Majestät in dem besagten Verbrechen schwer versündiget hatten, sich gebessert, zu unserm heiligen catholischen Glauben bekehrt und dem Schooß der Kirche und in die Gemeinschaft der Rechtgläubigen wieder einverleibt und von dem Kirchenbanne, welchen sie sich durch ein solches Verbrechen zugezogen, freygesprochen worden sind. Da aber dieses nicht geschehen konnte, theils wegen Mangels an Gefängnissen und Oertern,

wo

wo sie sich aufhalten sollten, theils wegen anderer gerechter und triftiger Ursachen, hielten sie für gut, daß, nachdem man ihnen immerwährende Gefängnißstrafe als Buße auferlegt und sie dazu verdammt hätte, die Inquisitoren, aus Barmherzigkeit, ihnen so lange bis man eine andere Einrichtung träfe, ihre Häuser als Gefängniß bestimme und anweise, worin sie sich aufhalten sollten, mit Befehl, alles zu beobachten und zu erfüllen, was ihnen auferlegt worden sey, unter den Strafen, welche die Gesetze in einem solchen Fall verordnen.

Art. II.

Desgleichen, da die Gesetze den Kindern und Enkeln der Ketzer und Abtrünnigen, welche um besagten Verbrechens willen, als solche von den Inquisitoren verdammt worden, große, schwere und verschiedene Strafen auferlegen, und es sich bey angestellter Untersuchung gezeigt hat, daß an vielen Orten, wo Inquisition gehalten wird, besagte Strafen nicht vollführt noch beobachtet worden, worüber ein weitläuftiger Streit unter besagten Herren entstand: so wurde endlich beschlossen, daß benannte Inquisitoren in ihrem Bezirk, Orten und Gerichtsbarkeiten, mit allem Fleiß darauf halten, befehlen und

große

große Strafen und Censuren von nun an darauf setzen sollen, daß die Kinder und Enkel solcher Verurtheilten, keine öffentliche oder andere Aemter und Ehrenstellen haben noch verwalten sollen; daß sie weder in heilige Orden aufgenommen werden, noch Richter, Alcalden, Alcaiden, Obergerichtsdiener, (Alguaziles) Regidoren, Vorsteher des Volks, (Jurados) Voigte, (Mayordomos) Marschälle, (Mastrecolas) öffentliche Wagmeister, (Pesadores) Kaufleute seyn, daß sie nicht Notarien, öffentliche Schreiber, (escrivanos publicos) noch Advokaten, Prokuratoren, Secretarien, Rechenmeister, Canzler, Schatzmeister, Aerzte, Wundärzte, Bader, (Sangradores) Apotheker, Mäckler, (Corredores) Wechsler, Schiedsrichter, (fieles) Geld-Einsammler, noch Einnehmer öffentlicher Einkünfte seyn, oder andere gleiche Aemter, die öffentlich sind oder genannt werden könnten, haben sollen, daß sie keines von besagten Aemtern, weder durch sich selbst noch durch irgend eine andere Person, noch unter irgend einem Vorwande verwalten, und daß sie weder an sich selbst, noch an ihren Kleidern und Häusern, Zeichen und Insignien, von irgend einer geistlichen oder weltlichen Würde oder Orden tragen.

Art.

Art. 12.

Ferner verordneten sie, daß die unmündigen, männlichen sowohl als weiblichen Geschlechts, nicht verbunden seyn sollen, öffentlich abzuschwören, außer nach den Jahren des reifern Verstandes, welches bey dem weiblichen das zwölfte und bey dem männlichen das vierzehnte Jahr ist, und daß der Artikel der Verordnungen von Sevilla so zu verstehen sey, der darüber bestimmt; und daß sie nach Erreichung besagter Jahre das abschwören, was sie in ihrem minderjährigen Alter begangen haben, weil sie jetzt eines Betrugs fähig sind.

Art. 13.

Desgleichen, da in den vergangenen Zeiten der Inquisitoren und Beamten ihre Besoldungen nicht zu rechter Zeit und wie es Ihro Hoheiten befohlen haben, entrichtet worden sind, wegen der Bedürfnisse und Zahlungen, welche Ihro Hoheiten an den Einnehmer zuweisen; und weil, wenn hierin nicht Hülfe geschaft wird, daraus viele nachtheilige Folgen entstehen und dieses heilige Geschäft Schaden nehmen könnte; so wurde, diesem vorzubeugen, und damit die Inquisition immer besser fortgehe, wie es zum Dienst Gottes und Ihrer Hoheiten gereicht, und die

D Kla-

Klagen, welche beständig bey dem hochwürdigen Pater Prior einlaufen, aufhören, nach einem langen Streit beschlossen; bey Ihro Hoheiten eine Bittschrift einzugeben, daß sie in den Scheinen und Anweisungen, welche den Einnehmern ertheilt werden, befehlen, daß, ehe irgend ein Geschenk oder Anweisung auf ihre Casse angenommen wird, die Inquisitoren und Beamte bezahlt werden sollen; und darauf sollen besagte Einnehmer gleich zu der Zeit, wo ihnen gedachtes Amt aufgetragen wird, schwören. Wenn aber auf der andern Seite nichts da seyn sollte, wovon sie bezahlt werden könnten, so sollen besagte Einnehmer zu dem Ende von den Gütern und andern Sachen, so viel als dazu hinlänglich ist, verkaufen können. Sollten sie das Gegentheil thun, so können die Inquisitoren sie entlassen und alsbald Ihro Hoheiten ersuchen, daß sie befehlen andere Einnehmer zu bestellen, welche es besser machen.

Art. 14.

Unerachtet in dem vorhergehenden Artikel von den immerwährenden Gefängnißstrafen als eine Auskunft gegeben ward, daß, so lange bis auf eine andere Art dafür gesorgt werde, die Gefangenen in ihre eigene Häuser gesetzt werden sollten, so scheint es ihnen jetzo rath-

rathsam, Ihro Hoheiten zu bitten, daß sie denen Einnehmern befehlen, in einem jeden Gebiet, wo die Inquisition gehalten wird, an den vorzüglichen Orten ein eingeschlossenes Viereck mit kleinen Häuschen aufzuführen, in deren jeden einer der Eingekerkerten, gesetzt werde und eine kleine Capelle dabey zu bauen, wo sie an einigen Tagen Messe hören, und, wo ein jeder von ihnen seine Arbeit verrichten könnte, um zu erwerben: was sie zum Lebens-Unterhalt und Nothwendigkeiten bedürfen, so daß die großen Ausgaben, welche die Inquisitionen ihrentwegen haben, erspart werden. Die Gestalt, Größe und Ort, worin die Gefängnisse sollten angelegt werden, bleibt dem Belieben der Inquisitoren und der Personen, welche darüber zu erkennen haben, überlassen.

Art. 15.

Desgleichen, damit in das Amt der Inquisition nur solche Personen gesetzt werden, auf deren Treue und Glauben man sich verlassen kann, und die so sind, daß sie hinlängliche Sicherheit für das ihnen übertragene Amt geben; so wurde beschlossen, daß von nun an alle die Notarien, Fiscale, Alguazils und andere Beamte das Amt und die Pflicht die sie haben, mit schuldigem Fleiß, selbst, in eigener Person und nicht durch andere versehen lassen, ausgenommen der Einnehmer, unter der Strafe, daß derjenige, der das Gegentheil thut, das Amt und die Würde die er bekleidet, verliere; und daß keiner von den Alguazils einen Stellvertreter halte, ausgenommen, wenn er um seines Amts willen drey oder **vier** Meilen von der Stadt gehen müßte. In solchem Fall soll nicht der Richter, sondern die Inquisitoren ihm das Amt geben und **zu** diesem allein einen andern **Alguazil** setzen, dessen Amt aufhört, so bald sich die Reise endiget, zu welcher einer ausgeschickt worden.

Diese Befehle und Artikel wurden am 26sten Tage des Monaths October, im Jahr der Geburt unsers Heilandes Jesu Christi 1488. in der Stadt Valladolid vorgelesen und öffentlich bekannt gemacht. Es waren dabey gegenwärtig, der hochwürdige Herr Prior vom heil. Creuz, General Inquisitor, mit allen andern Inquisitoren, so wohl von Castilien als Arragon, versammlet in dem Saale der Wohnung seiner hochwürdigen Paternität, unter der Regierung der Allerhöchsten, Großmächtigsten und Erlauchten Herrn von Castilien und Arragon, des Königs Ferdinand und der Königinn Isabella,

unserer

unserer Herren; und sind selbige mit folgenden Namen beglaubiget:

Bruder Thomas, Prior und General-Inquisitor,

Franciscus, Doctor, Dechant zu Toledo,

Martinus, Doctor und Licentiat von Fuentes,

Auf Befehl seiner hochwürdigen Paternität, Antonius de Frais, Apostolischer Notarius.

Desgleichen, daß die andern Fälle, die hier nicht benannt und bestimmt sind, dem klugen Ermessen der Inquisitoren überlassen seyn sollen, damit sie, wenn sich solche Fälle darbieten, nach ihrem Gutdünken entscheiden können, ohne sich bey Ihro Hoheiten Raths zu erholen, nur daß sie ihr Gutachten so stellen, wie sie es vor Gott, vor den Gesetzen und ihrem guten Gewissen verantworten können. In wichtigen Fällen sollen sie aber alsbald, mit aller Sorgfalt, an Ihro Hoheiten schreiben, daß sie beseh-len, dabey Einrichtungen zu treffen, wie es zum Dienst Gottes, unsers Herrn und ihren eigenem, zur Verherrlichung des heiligen

ligen catholischen Glaubens und guten Erbauung des Christenthums, gereicht.

Gegeben in der edlen und treuen Stadt Sevilla, am 9ten Tage des Monaths Jenner im Jahre der Geburt unsers Heilandes JEsu Christi 1485.

Bruder Thomas,
Prior, General-Inquisitor.

Schreiben
der General-Inquisitoren.

An die hochwürdigen Herren Väter, Inquisitoren der Stadt und des Bisthums zu Barcelona.

Hochwürdige Herren! Unerachtet wir die Vorschrift gegeben, daß in den Processen wegen der Güter, welche von der Verurtheilung einiger Personen abhangen, die wegen der Verbrechen der Ketzerey verurtheilt worden sind, die Zeit angemerkt werde, worin sie das Verbrechen begangen, nebst dem Urtheil, das gegen sie ausgesprochen worden: und dennoch in einigen Inquisitionen die Zeugen ihr Zeugniß aufgeschoben, da sie es erst der Parthey geben, wenn die öffentliche Bekanntmachung geschieht, welches zum
Nach-

Nachtheil des Amts der Inquisition ist; derowegen befehlen und gebieten Wir euch, daß von nun an ein solches Zeugniß nicht ausgestellt werde, ohne eine Beglaubigung des geheimen Notarii, der es aus dem Proceß summarisch auszieht, in welchem die besagte Zeit des Verbrechens und wie er verurtheilt worden, getreu angegeben, welches auf Bitte des Fiscals herausgezogen werden soll. Die Inquisitoren sollen die besagte Zeit des Verbrechens, wenn er verurtheilt worden, angeben, und dieses also herausgezogene Zeugniß soll der Einnehmer oder Procurator des Fiscus, fordern, um es in den Proceß einzutragen. Denn sonst würde man den Partheyen Gelegenheit geben, daß sie Einwendungen gegen die Zeugen des Criminal-Processes vorbrächten, und die Processe würden sich niemals endigen. Eben so soll von nun an in den Urtheilen, welche gegen die Verurtheilte ausgesprochen werden sind, die Zeit, in welcher der Verurtheilte das Verbrechen begangen, angemerkt seyn, damit man das Zeugniß leichter herausziehen könne. Gegeben in Granada den 4ten Sept. 1499. ad mandata vestra.

N. Erzbischof zu Messana, Erzbischof zu Lucca. Bartholomäus, Licentiat.

Instruction, ausgefertiget zu Avila im
    Jahre 1498., von dem Prior zum
    heil. Creuz.

Erstlich: Eine jede Inquisition soll zwey Inquisitoren, einen Juristen und einen Theologen oder zwey Juristen haben: diese sollen gelehrte und gewissenhafte Männer seyn, welche gemeinschaftlich, und nicht einer ohne dem andern, zur Gefangennehmung und zur Tortur mit der canonischen Reinigung schreiten sollen, und von den Aussagen der Zeugen eine Abschrift nehmen, die mit ihrem Namen beglaubiget sind, indessen eine andere Abschrift bey dem Proceß und Endurtheil bleibt, weil es wichtige und bedenkliche Sachen sind. In allen andern Dingen kann der eine ohne dem andern verfahren, theils zur schnelleren Ausfertigung der Rechtssachen, theils, aus der Nothwendigkeit, die eintreten kann, daß sich einer von dem andern trennen muß, um durch die Oerter der Bisthümer zu gehen, sie zu besuchen und auf die Geschäfte des heiligen Amts zu achten.

Art. 2.

Ferner, daß die besagten Inquisitoren und Beamte sich mit allem Anstand betragen und

und anständig leben, sowohl in der Kleidung
und Anzug ihrer Personen, als auch in allen
andern Stücken, und, daß in den Städten,
Flecken und Orten, wo Waffen verboten seyn
sollten, kein Beamter, noch einer, der zur
Inquisition gehört, sie trage, außer, wenn
sie bey den Inquisitoren und dem Alguazil
sind, und daß besagte Inquisitoren ihre
Beamte und Hausgenossen bey der Inqui=
sition, in Civilsachen, die zur Königlichen
Gerichtsbarkeit gehören, nicht vertheidigen,
ausgenommen, in Criminalfällen, in welchen
allein besagte Beamte sich dieses zu erfreuen
haben.

Art. 3.

Desgleichen, daß die Inquisitoren bey
dem Gefangennehmen Vorsicht gebrauchen,
und daß sie keinen gefangen setzen, ohne hin=
länglichen Beweis von ihm zu haben, und
daß alsdann, wenn er gefangen genommen,
innerhalb 10 Tagen die Anklage gemacht und
in diesem Zeitraum die Ermahnungen, die
in einem solchen Fall nöthig sind, gethan
werden. In den Rechtssachen und Pro=
cessen sollen sie mit allem Fleiß und in aller
Kürze verfahren, ohne zu erwarten, daß sie
noch mehr Beweis erhalten; denn dadurch
ist es geschehen, daß einige Personen in dem

D 5 Ge=

Gefängniß sind aufgehalten worden. Auch sollen sie keinen Aufschub statt finden lassen, denn daraus entstehen nachtheilige Folgen, so wohl für die Personen als für die Geschäfte.

Art. 4.

Eben auf diese Art sollen auch die Processe der Verstorbenen, die angeklagt sind, gehalten und entschieden werden, ohne irgend einen Aufschub, und wenn das Urtheil gegen diejenigen, die angeklagt sind, gefällt werden, so soll es öffentlich bekannt gemacht und diejenigen, auf die kein vollkommener Beweis gebracht worden, vom Gericht freygesprochen werden, und, wenn kein Beweis mehr zu hoffen ist, so sollen sie nicht zurückgehalten werden, da es ohnehin viele aufgeschobene Processe, aus Mangel des Beweises, giebt, um deren willen die Söhne und Töchter solcher, die als schuldig angeklagt sind, sich nicht verheyrathen, noch bey ihren Gütern, die sie hinterlassen, Einrichtungen machen können. Endlich sollen sie keinen Verstorbenen anklagen, noch gegen sein Andenken, Ehre und guten Namen, gerichtlich verfahren, ohne einen vollkommenen Beweis zur Vertheidigung zu haben.

Art.

Art. 5.

Ferner, daß die Inquisitoren bey Auferlegen der Geld= und cörperlichen Strafen vorzüglich die Beschaffenheit des Verbrechens in Erwägung ziehen. Denn, nachdem es leicht oder schwer ist, so sollen sie die Buße auferlegen und zugleich auf die andere Beschaffenheit und Umstände, welche das Recht erfordert, sehen, und da sie aus ihren Besoldungen bezahlt werden, so sollen sie keine grösere Strafen, noch Bußen, als es die Gerechtigkeit fordert, auferlegen.

Art. 6.

Ferner, daß die Inquisitoren bey keinem die ewige Gefängnißstrafe noch Bußübungen ohne Ursache in Geldstrafe oder Gebet= Bußübungen umändern. Wenn es aber müßte verändert werden, so sollen sie es in Fasten, Allmosen oder in andere gute Werke verwandeln; und wenn irgend einer von denen wieder zu Gnaden Aufgenommenen anfängt, einige Maravedis, nach seinem Vermögen zu bezahlen, so sollen sie für das übrige, welches er nicht bezahlen kann, besagte Bußen, Allmosen, Fasten, Wallfahrten und andere Andachtsübungen nach Gutdünken der Inquisitoren auferlegen; aber sie sollen und dürfen ihm kein Kleid nehmen. Was die

Kinder und Enkel derjenigen betrift, die für schuldig erklärt sind, so soll die ihnen ange: messene Strafe dem Gutdünken und Einsicht der General-Inquisitoren überlassen werden, damit sie nach Gerechtigkeit Maaßregeln neh: men, wie sie sehen, daß es erforderlich ist.

Art 7.

Desgleichen, daß die Inquisitoren sehr darauf Achtung geben, wie sie diejenigen zur Wiederaussöhnung und immerwährenden Gefängnißstrafe aufnehmen, welche jetzt, seit: dem sie gefangen gesetzt sind, bekennen, da die Inquisition so lange in diesen Reichen besteht, und daß sie in diesem Stück die Form des Rechts beobachten.

Art. 8.

Desgleichen, daß die Inquisitoren die falschbefundenen Zeugen züchtigen und öffent: liche Strafe geben lassen, den Rechten gemäß.

Art. 9.

Ferner, daß in keinem Inquisitions: Gericht ein Inquisitor oder Beamter sitze, der ein Anverwandter oder Client des In: quisitors oder irgend eines Beamten in eben demselben Inquisitions-Gerichte sey.

Art.

Art. 10.

Ferner, daß bey einem jeden Inquisitions-Gerichte ein Schrank oder eine Kammer sey, für die Bücher, Protocolle und geheime Schriften, mit drey Schlössern und drey Schlüsseln, von welchen Schlüsseln zwey die beyden geheimen Notarien, und den dritten der Fiscal haben soll, damit keiner irgend eine Schrift herausnehmen kann, es seyen denn alle gegenwärtig. Wenn irgend ein Notarius etwas gegen seine Pflicht thun sollte, so soll er als ein Meineidiger und Betrüger verurtheilt, und seines Dienstes auf immer entsetzt werden; außerdem soll ihm eine Geldstrafe oder Landesverweisung zuerkannt werden, je nachdem die General-Inquisitoren sehen, daß es erforderlich ist, wenn er dessen überwiesen ist. In besagte Kammer soll niemand gehen, außer den Inquisitoren, den geheimen Notarien und dem Fiscal.

Art. 11.

Daß kein Notarius für sich allein, ohne Gegenwart des Inquisitor, einen Zeugen in den Processen des Verbrechens der Ketzerey annehme; und bey den Ratificationen (Bewährung der Zeugen) sollen die geistlichen Per-

Personen, den Gesetzen gemäß, gegenwärtig seyn, die aber nicht zum heil. Amt gehören müssen.

Art. 12.

Desgleichen, daß die Inquisitoren sogleich nach allen den Orten gehen, wo sie nicht gewesen sind, um das Zeugniß der General-Inquisition aufzunehmen.

Art. 13.

Desgleichen, wenn schwere und zweifelhafte Geschäfte bey den Inquisitionen vorkommen, so sollen die Inquisitoren darüber mit denen vom Rath sich berathschlagen und die Processe, die sie geführt haben, bringen oder schicken, wenn es ihnen befohlen wird.

Art. 14.

Ferner, daß die Frauespersonen ihr Gefängniß abgesondert von den Männern haben sollen.

Art. 15.

Desgleichen, daß alle geheime Beamte einer jeden Inquisition sich in der Gerichtsstube versammlen, und im Sommer wie im Winter zum wenigsten sechs Stunden arbeiten; drey Stunden Vormittag und ebenfalls drey

drey Stunden Nachmittag; und daß die Inquisitoren besagte Stunden bestimmen und anzeigen sollen, zu welcher Zeit sie sich zu versammlen haben.

Art. 16

Ferner, daß die Beamte der Inquisitionen, wenn sie ihre Zeugen vorstellen, um sie zu bewähren, nachdem ihnen in ihrer Gegenwart von den Inquisitoren der Eid abgenommen worden ist, sich entfernen: und die Inquisitoren nicht zugeben noch erlauben, daß sie bey der Bewährung der Zeugen zugegen seyn.

Instruction, die in Sevilla im Monath Julius im Jahr 1500. durch den Hochwürdigen Herrn Diego de Deça, Bischof zu Palencia und hernach Erzbischof zu Sevilla, General-Inquisitor ausgefertiget wurde.

(Zur Erläuterung des vorhergehenden 12ten Art.)

Folgende Punkte und Artikel verordneten die Hochwürdige Herren General-Inquisitoren zur Instruction für die Inquisitionen und

und zur Vollziehung des Amts der heiligen
Inquisition in der edlen und treuen Stadt
Sevilla, am 16ten Tage des Monaths Ju-
nius im Jahr 1510.

Art. 1.

Erstlich, daß die Inquisitoren einer jeden
Inquisition und Gebiets in alle die Ortschaften und Flecken ihres Kirchsprengels, wo sie
niemals persönlich gewesen sind, gehen und
sie besuchen, in einem jeden besagter Flecken
und Oerter die Zeugen der General-Inquisition annehmen und abhören sollen. Und
damit dieses besser gehalten und in kürzerer
Zeit abgefertiget werden könne, so sollen sich
die Inquisitoren theilen und ein jeder für sich
mit einem geheimen Notario gehen, um die
besagte allgemeine Untersuchung und Erkundigung anzustellen, und nachdem sie besagte
allgemeine Nachforschung angestellt und gehalten haben, sollen sie sich wieder in besagter
Stadt oder Ort, wo sie ihren Sitz haben,
versammlen, damit sie dort beyde das Zeugniß, daß ein jeder einzeln aufgenommen hat,
nachsehen und befehlen können, diejenige die
sie schuldig finden und die hinlänglich durch
Zeugen überwiesen sind, gefänglich einzuziehen, wie es in dem Artikel der Instructionen,
die in Toledo aufgesetzt sind, enthalten ist.

Art.

Art. 2.

Desgleichen, daß bey den Inquisitionen, wo die Inquisitoren schon gewesen und das allgemeine Zeugenverhör abgenommen haben, jährlich einer von den Inquisitoren durch die Flecken und Oerter gehe, um zu inquiriren, indem er seine General-Edicte anschlägt, damit diejenigen, die einiges wissen, was das Verbrechen der Ketzerey betrift, kommen es anzuzeigen; der andere Inquisitor soll zurückbleiben, um die vorhandenen Processe zu führen. Sollte keiner vorhanden seyn, so soll ein jeder für sich ausgehen, wie es oben vorgeschrieben worden ist.

Art. 3.

Desgleichen, daß die Inquisitoren einer jeden Inquisition die Bücher von Anfang bis zu Ende in der Ordnung, nach dem Alphabeth, durchgehen, zu welchem Ende sie die Hülfe des Fiscals und des Notarius brauchen sollen, wenn sie nicht in den Ortschaften herumgehen, um Zeugnisse abzunehmen. Und von diesem Puncte soll vorzüglich ein Bericht bey der Visitation abgestattet werden, und zwar so, daß die General-Inquisitoren erfahren, was sich von den im Alphabet enthaltenen Puncten zugetragen hat.

Art. 4.

Desgleichen, da die Inquisitoren bisweilen um geringer Ursachen willen ins Gefängniß werfen, die nicht geradezu Ketzerey enthalten, z. B. um Worte willen, die aus Verdruß oder Zorn ausgestoßen worden, und mehr Blasphemie als Ketzerey sind; so sollen sie von nun an keinen um dieser Ursache willen ins Gefängniß werfen, und wenn ein Zweifel entstehen sollte, sich mit den General-Inquisitoren darüber berathschlagen.

Form, welche bey dem Reinigungs-Eid soll gehalten werden.

Derjenige, der einen Reinigungs-Eid abzulegen hat, soll in Gegenwart der Eides Abnehmer (compurgatores) nach Form des Rechts über dem Kreuz und den heil. Evangelien schwören, daß er von allem, worüber man ihn fragen wird, die Wahrheit sagen wolle und nach abgelegtem Eide sollen die Inquisitoren ihn also anreden.

Ihr N. N. seyd um dieses und jenes Verbrechens willen angeklagt worden (wobey sie ihm ein jedes Verbrechen, welches blos Ketzerey betrift, besonders benennen

nennen) deren ihr euch äußerst verdächtig
gemacht habt, in Betracht der Wichtigkeit
des Processes. Wir fragen euch daher,
nach der Verbindlichkeit des Eides, den
ihr abgelegt habt, ob ihr diese Sachen
oder eine derselben begangen, gethan oder
geglaubt habet?

Nach empfangener Antwort des Gefangenen in Gegenwart der Compurgatoren soll
der Gefangene wieder in das Gefängniß zu-
rückgeführt und alsdenn den Compurgatoren
der Eid nach der Vorschrift abgenommen werden ꝛc. Ein jeder von ihnen soll nach der
Verbindlichkeit des Eides einzeln befragt werden, ob er glaube, daß besagter Gefangener
N. N. die Wahrheit gesagt habe? und sie
sollen in dem Proceß das, was jene sagen
und nach und nach vortragen werden, anmerken.

Vorschrift der Abschwörung
de vehementi.

Ich N. N. Einwohner der edlen Stadt
Valladolid, der ich vor Euren Hochwürden, als durch apostolische und ordentliche
Gewalt verordneten Inquisitoren der ketzerischen Irrthümer in dieser Stadt, gegenwär-

tig stehe, vor diesem Zeichen des Creuzes und den heiligen vier Evangelien, welche ich mit meinen Händen cörperlich berühre, in Erkenntniß des wahren catholischen und apostolischen Glaubens, schwöre ab, verabscheue und verfluche jede Art der Ketzerey und des Abfalls, welche sich gegen den heil. catholischen Glauben und das evangelische Gesetz unsers Erlösers und Heilandes Jesu Christi und gegen den heil. apostolischen Stuhl und Römische Kirche erheben, insbesondere diejenigen, deren ich in eurem Gericht angeklagt worden und sehr verdächtig bin, ich schwöre und verspreche jederzeit diesen heiligen Glauben, den die heilige Mutter die Kirche hat, beobachtet und lehrt, zu halten und zu beobachten, und daß ich dem Pabst, unserm Herrn, seinen Nachfolgern, welche ihm auf dem heil. Stuhl rechtmäßig folgen werden, und seinen Verordnungen stets gehorchen will. Ich bekenne, daß alle diejenigen, welche gegen diesen heil. catholischen Glauben handeln werden, der Verdammniß würdig seyn. Ich verspreche, mich niemals mit ihnen zu verbinden, und so viel in meinen Kräften seyn wird, sie zu verfolgen und die Ketzereyen, die mir von ihnen bekannt sind, zu entdecken und jedem Inquisitor der ketzerischen Irrthümer und Vorsteher der heiligen

Mut-

Mutter der Kirche, wo ich mich auch befinden mag, anzuzeigen. Ich schwöre und verspreche die Bußübungen, die mir auferlegt worden oder erst auferlegt werden möchten, in Demuth und mit Geduld aufzunehmen, nach allen meinen Kräften und Vermögen, und ich will in allem und allezeit sie erfüllen, ohne dargegen noch gegen irgend einen Artikel oder einen Theil desselben zu handeln, und ich will, stimme ein und bin es zufrieden, daß, wenn ich in irgend einer Zeit — daß Gott verhüte — gegen oben besagte Artikel oder gegen einen einzelnen Artikel oder einen Theil derselben thun oder handeln würde, daß ich in solchem Fall für einen Abtrünnigen gehalten und angesehen werde und mich der Zucht und Strenge der heiligen Kirchenregeln unterwerfen wolle, damit an mir, als einer Person, die de vehementi abgeschworen, die Censuren und Strafen, die darauf gesetzt sind, vollführt werden, und ich bin es zufrieden, daß sie mir angethan werden und ich sie leide, sobald als einer mir beweist, daß eines von den obenbenannten durch mich Abschwörenden gebrochen worden. Ich bitte gegenwärtigen Notarius, daß er dieses als Zeugniß aufnehme und die Anwesenden, daß sie Zeugen desselben seyn.

Lossprechungs-Eid dessen, der das Verbrechen begangen hat.

Ich N N. Inwohner dieses oder jenes Orts, der ich vor Euren Hochwürden, als durch apostolische und ordentliche Gewalt verordneten Inquisitoren der ketzerischen Irrthümer, gegenwärtig stehe, vor diesem Zeichen des Creuzes und den heil. vier Evangelien, in Erkenntniß des wahren catholischen und apostolischen Glaubens, schwöre ab, verabscheue und verfluche jede Art der Ketzerey und des Abfalls vom Glauben, welche sich gegen den heiligen catholischen Glauben und das evangelische Gesetz unsers Erlösers und Heilandes Jesu, und gegen den apostolischen Stuhl und römischen Kirche, insbesondere diejenige, in welche ich als ein Gottloser gefallen und vor Euren Hochwürden bekannt habe, die mir hier öffentlich vorgelesen worden und deren ich angeklagt und verdächtig bin: ich schwore und verspreche jederzeit diesen heiligen Glauben, den die heilige Mutter der Kirche hat, beobachtet und lehrt, zu halten und zu beobachten, und daß ich dem Pabst, unserm Herrn, seinen Nachfolgern, welche ihm auf dem heil. Stuhl rechtmäßig folgen werden, und seinen Verordnungen stets

stets gehorchen will: ich bekenne, daß alle
diejenigen, welche gegen diesen heil. catholischen Glauben handeln werden, der Verdammniß würdig seyn; ich verspreche, mich
niemals mit ihnen zu verbinden, und, so viel
in meinen Kräften seyn wird, sie zu verfolgen
und die Ketzereyen, die mir von ihnen bekannt
sind, zu entdecken, und jedem Inquisitor der
ketzerischen Irrthümer und Vorsteher der heil.
Mutter der Kirche, wo ich mich auch befinden mag, anzuzeigen; ich schwöre und verspreche, jede Bußübung oder Bußübungen,
die mir auferlegt worden oder erst auferlegt
werden möchten, in Demuth und mit Geduld
aufzunehmen, nach allen meinen Kräften und
Vermögen, und ich will in allem und allezeit
sie erfüllen, ohne dargegen noch gegen irgend
einem Artikel oder einen Theil desselben zu
handeln. Und ich will, stimme ein, und
bin es zufrieden, daß, wenn ich in irgend
einer Zeit — das Gott verhüte — gegen
obenbesagte Artikel oder einen Theil derselben
thun oder handeln würde, daß ich in solchem
Fall für einen Unbußfertigen und Abtrünnigen gehalten und angesehen werde und mich
der Zucht und Strenge der heiligen Kirchenregeln unterwerfen wolle, damit an mir, als
einer wegen besagten Verbrechens der Ketzerey angeklagten Person, die Censuren und

E 4 Stra-

Strafen, die darauf gesetzt sind, vollführet werden, daß sie mir angethan und an mir vollzogen werden und ich sie leide, so bald als einer mir beweise, daß eines von den obenbenannten durch mich Abschwörenden gebrochen worden. Ich bitte gegenwärtigen Notarius, daß er dieses als Zeugniß aufnehme und die Anwesenden, daß sie die Zeugen desselben seyn.

Die Instructionen für den Fiscal sind folgende:

Art. 1.

Vom Prior zum heiligen Creuz in Avila 1498.*)

Desgleichen, daß bey einem jeden Inquisitions-Gericht ein Schrank oder eine Kammer sey für die Bücher, Protocolle und geheime Schriften mit drey Schlössern und drey Schlüsseln, von welchen Schlüsseln zwey die beyden geheimen Notarien, und den dritten der Fiscal haben soll, damit keiner irgend eine

*) S. Seite 61. Art. 10.

eine Schrift herausnehmen kann, es seyen
denn alle gegenwärtig. Wenn irgend ein
Notarius etwas gegen seine Pflicht thun
sollte, so soll er als ein Meineidiger und
Betrüger verurtheilt, und seines Dienstes
auf immer entsetzt werden; außerdem soll ihm
eine Geldstrafe oder Landesverweisung zuer:
kannt werden, je nachdem die General=In-
quisitoren sehen, daß es erforderlich ist, wenn
er dessen überwiesen ist. In besagte Kammer
soll niemand gehen, außer den Inquisitoren,
den geheimen Notarien und dem Fiscal.

Art. 2.
Vom Bischof zu Palencia in Sevilla
im Jahre 1500.*)

Desgleichen, daß die Inquisitoren einer
jeden Inquisition vom Anfange bis zu Ende
in der Ordnung nach dem Alphabeth, durch:
gehen, zu welchem Ende sie die Hülfe des
Fiscals und des Notarius brauchen sollen.
Und von diesem Artikel soll vorzüglich ein Bericht bey der Visitation abgestattet werden,
und zwar so, daß die General=Inquisitoren
erfahren, was sich von dem im Alphabeth
enthaltenen Puncten zugetragen hat.

*) S. Seite 65. Art. 3.

Art. 3.
Vom Prior zum heil. Creuz in Avila
im Jahre 1498.*)

Desgleichen, daß alle geheime Beamten einer jeden Inquisition sich in der Gerichtsstube versammlen, und im Sommer wie im Winter zum wenigsten sechs Stunden arbeiten; drey Stunden Vormittag und ebenfalls drey Stunden Nachmittag; und daß die Inquisitoren besagte Stunden bestimmen und anzeigen sollen, zu welcher Zeit sie sich zu versammlen haben.

Art. 4.
Desgleichen,**) daß die Fiscale der Inquisitionen, wenn sie ihre Zeugen vorstellen um sie zu bewähren, nachdem ihnen in ihrer Gegenwart von den Inquisitoren der Eid abgenommen worden ist, sich entfernen, und die Inquisitoren nicht zugeben noch erlauben, daß sie bey der Bewährung der Zeugen zugegen seyn. M. Erzbischof zu Messina. A. Bischof: Licentiat Bartholomäus.

Diese Instructionen haben gemeldete Herren gemeinschaftlich mit dem Herrn Prior zum heiligen Creuz in dem Kloster des heil. Thomas

*) S. Seite 62. Art. 15. **) Seite 63. Art. 16.

mas von Avila, am 25sten May 1498. öffentlich bekannt gemacht.

Es waren dabey gegenwärtig der Herr Baccalaureus Alonso de Torres, Inquisitor zu Palencia und der größte Theil aller Inquisitoren Castiliens, Arragoniens und Valencia. Auf Befehle Ihrer Hochwürden.

Rodrigo de Yuar.

Instructionen für die geheimen Notarien.

Art. 1.
Vom Prior zum heil. Crenz in Valladolid im Jahr 1488. *)

Imgleichen beschlossen sie, daß alle Schriften der Inquisition, sie seyn, welche sie wollen, in guter Verwahrung in ihren Schränken seyn sollen, an einem öffentlichen Orte, wo die Inquisitoren ihr Inquisitions-Gericht zu halten pflegen, damit sie allemal, wenn es nöthig ist, sie zur Hand haben, und man soll nicht erlauben, daß sie heraus kommen, um den Schaden, der daraus entstehen könnte, zu vermeiden. Die Schlüssel ge-

*) S. Seite 44. Art. 7.

gedachter Schränke sollen zur Hand der Inquisitoren seyn, unter der Verwahrung der Notarien des heil. Am*s, durch deren Hände solche Schriften und Verhandlungen gehen. Und sie befehlen, daß dieses beobachtet werde, bey Strafe der Entsetzung des Amts, für den, der das Gegentheil thut.

Art. 2.
Vom Prior zu Sevilla im Jahre 1485.

Alle die Befehle, sie mögen seyn, welche sie wollen, welche die Inquisitoren so wohl für ihren Gerichtsdiener, als für ihren Einnehmer und für andere Personen wegen der Güter oder Gefangenschaft der Ketzer geben lassen, sollen die Notarien der Inquisition, gehalten seyn, in die Register einzutragen, und sie sollen von diesen ein Buch besonders halten, damit, wenn ein Zweifel entstehen sollte, man die Wahrheit erfahren könne.

Art. 3.
Vom Prior in Avila im Jahre 1498.*)

Ferner, daß bey einem jeden Inquisitions=Gericht ein Schrank oder eine Kammer
sey,

---
*) S. Seite 61. Art. 12. und S. 72. Art. 1.

sen, für die Bücher, Protocolle und geheime Schriften, mit drey Schlössern und drey Schlüsseln, von welchen Schlüsseln zwey die beyden geheimen Notarien und den dritten der Fiscal haben soll, damit keiner irgend eine Schrift herausnehmen kann, es seyn denn alle gegenwärtig. Wenn irgend ein Notarius etwas gegen seine Pflicht thun sollte, so soll er als ein Meineidiger und Betrüger verurtheilt, seines Dienstes auf immer entsetzt, und außerdem ihm noch eine Geldstrafe oder Landesverweisung zuerkannt werden, je nachdem die General-Inquisitoren sehen, daß es erforderlich ist, wenn er dessen überwiesen ist. In besagte Kammer soll niemand gehen, außer den Inquisitoren, den geheimen Notarien und dem Fiscal.

Art. 4.

Daß kein Notarius für sich allein, ohne Gegenwart des Inquisitors,*) einen Zeugen in den Processen des Verbrechens der Ketzerey annehme; und bey der Bewährung der Zeugen sollen die geistlichen Personen, den Gesetzen gemäß, gegenwärtig seyn, die aber nicht zum heil. Amt gehören müssen.

Art.

*) S. Seite 61. Art. II.

Art. 5.

Desgleichen,*) daß alle geheime Beamten einer jeden Inquisition sich in der Gerichtsstube versammlen, und im Sommer wie im Winter zum wenigsten sechs Stunden arbeiten, drey Stunde vor Mittag und ebenfalls drey Stunden nach Mittag, und daß die Inquisitoren besagte Stunde bestimmen und anzeigen sollen, zu welcher Zeit sie sich zu versammlen haben.

Befehl des General-Inquisitions-Gerichts, daß die Notarien die Zeugen ohne den Inquisitoren oder einen derselben nicht verhören sollen.

Wir vom Rath des Königs und der Königinn, unserer Herren; da Wir auf das Wohl und die Angelegenheiten des Amts der heiligen Inquisition sehen und vernommen haben, daß Ihr, Schreiber und geheime Notarien der Inquisition der Städte und Bisthümer von Burgos und Palencia ɔc. Zeugen aufnehmet und verhöret in Abwesenheit

---

*) S. Seite 62. Art. 15. S. 74. Art. 3.

heit der hochwürdigen Väter, Inquisitoren besagter Städte und Bisthümer, oder eines derselben, zum großen Schaden und Nachtheil besagten heil. Amts, zur Gefahr eurer Gewissen und zu Verachtung unserer Befehle und Instructionen. Und da wir wünschen, darüber Maasregeln zu nehmen, wie es zum Dienst Gottes, unsers Herrn und zum Wohl des heil. Amts und zur Beruhigung unserer Gewissen gereicht: so ermahnen und befehlen wir durch gegenwärtiges Euch obengenannten Notarien, und einem jeden von euch, wer er auch sey, sowohl denen, die es gegenwärtig sind, als auch denen, welche von nun an in Zukunft in besagtem Amte seyn werden, in Kraft des heiligen Gehorsams, und unter der Strafe des Banns und des Verlustes eurer Dienste und der Strafe von zehn tausend Maravedis in die Cammer und den Fiscus Ihrer Hoheiten, für jedesmal, da ihr das Gegentheil thun werdet, daß ihr nicht verhört, noch die Angabe und Aussage eines Zeugen aufnehmet, sowohl bey der General-Inquisition, als bey den Processen, welche verhandelt und von nun an über das Verbrechen der Ketzerey gehalten werden, (besagte Zeugen mögen nun vorgestellt werden vom Fiscal oder von Seiten der Angeklagten, sowohl bey Beschuldigungen als Verbürgungen)

gen) ohne daß die Inquisitoren oder einer von ihnen gegenwärtig sey und sehe und höre, was der Zeuge oder die Zeugen sagen und anbringen möchten; und in ihrer Gegenwart soll durch euch, oder einen von euch, dieses in die Bücher, Register und Proceß=Acten besagten heiligen Amts eingetragen werden, und ihr sollet nicht auf irgend eine Weise anders handeln unter obengedachten Strafen.

Gegeben in der Stadt Segovia, am 13ten Tage im Monathe November im Jahre 1503. Erzbischof zu Jaen. Bartholomäus, Licentiat, hochwürdiger Doctor der freyen Künste, Magister in der Theologie und Protonotarius. Auf Befehl der Herren des Raths:

Christoval de Cordova.

Instructionen für den Gerichtsbedienten, (Alguazil)

Ausgefertiget vom Prior in Avila im Jahr 1498.

Art. I.

Desgleichen, daß kein Gerichtsbedienter noch Kerkermeister, der die Aufsicht über das Ge=

Gefängniß und die Gefangenen hat, bewillige
oder erlaube, daß seine Frau oder eine andere
Person seines Hauses oder eine Fremde, einen
von den Gefangenen sehe und mit ihnen
spreche, ausgenommen der, welcher das Amt
hat, Gefangenen Speise zu bringen, welches
eine vertraute und getreue Person seyn soll,
die auf Verschwiegenheit beeidiget ist, und
die auf sie Achtung geben und zusehen soll,
was sie ihnen bringt, damit nicht unter denselben Briefe oder irgend einige Nachricht
ihnen zukomme.

Art. 2.

Desgleichen, daß die Gerichtsbediente
nach der festgesetzten Besoldung von sechzig
tausend Maravedis, verbunden seyn sollen
ihr Amt zu versehen und überall hinzugehen,
wohin sie durch die Inquisitioren beordert werden, um Gefangene einzuziehen und alles zu
verrichten, was zu ihrem Amt gehört, ohne
mehr Besoldung zu erhalten. Sollte der
Fall sich ereignen, daß sie sich von einigen
Personen begleiten lassen müßten, (aber blos
im äußersten Nothfall) so sollen die Inquisitoren solche Personen ernennen und bestellen
und den Preis bestimmen, den man ihnen
geben soll, dieses soll auf Befehl der Inquisitoren von dem Einnehmer ausbezahlt werden.

den. Im Fall er außerhalb der Stadt gehen müßte, soll er im Gefängniß eine zuverläßige und vertraute Person auf seine Rechnung, und zur Zufriedenheit besagter Inquisitoren, zurücklassen, und, weder besagte Gerichts: bediente noch die Kerkermeister, die durch sie bestellt sind, sollen das Amt, den Gefange: nen Speise zu geben, erhalten, sondern eine andere getreue und zuverläßige Person, die von den Inquisitoren angestellt ist.

Instructionen für den Kerkermeister.

Aufgesetzt vom Prior in Avila im Jahr 1498.*)

Art. I.

Desgleichen, daß kein Gerichtsbedienter noch Kerkermeister, der die Aufsicht über das Gefängniß und die Gefangenen hat, einwil: lige oder erlaube, daß seine Frau oder eine an: dere Person seines Hauses oder eine Fremde, einen von den Gefangenen sehe und mit ihnen spreche, ausgenommen der, welcher das Amt hat den Gefangenen Speise zu bringen, wel: ches eine vertraute und getreue Person seyn soll,

*) S. Seite 80. Art. I.

soll, die auf Verschwiegenheit beeidiget ist, und die auf sie Achtung geben und zusehen soll, was sie ihnen bringt, damit nicht unter denselben Briefe oder irgend einige Nachricht ihnen zukomme.

Art. 2.

Desgleichen,*) daß die Gerichtsbediente nach der festgesetzten Besoldung von sechzig tausend Maravedis, verbunden seyn sollen, ihr Amt zu versehen und überall hinzugehen, wohin sie durch die Inquisitoren beordert werden, um Gefangene einzuziehen und alles zu verrichten, was zu ihrem Amt gehört, ohne mehr Besoldung zu erhalten. Sollte der Fall sich ereignen, daß sie sich von einigen Personen begleiten lassen müssen, aber blos im äußersten Nothfall) so sollen die Inquisitoren solche Personen ernennen und bestellen, und den Preis bestimmen, den man ihnen geben soll; dieses soll auf Befehl der Inquisitoren von dem Einnehmer ausbezahlt werden. Im Fall er außerhalb der Stadt gehen müßte, so soll er im Gefängniß eine zuverläßige und vertraute Person auf seine Rechnung, und zur Zufriedenheit besagter Inquisitoren, zurücklassen, und weder besagte

*) S. Seite 81. Art. 2.

Gerichtsbediente noch die Kerkermeister, die durch sie bestellt sind, sollen das Amt, den Gefangenen Speise zu geben, erhalten, sondern eine andere getreue und zuverläßige Person, die von den Inquisitoren dazu angestellt ist.

Instructionen für den Einnehmer und Sequestrations-Schreiber.

Aufgesetzt vom Prior in Sevilla im Jahr 1485.

Art. 1.

Wenn bey den sequestrirten Gütern (wie schon gemeldet ist) einige Sachen seyn und sich finden sollten, welche durch das Aufbewahren verderben und Schaden leiden würden, wie z. B. Brod und Wein oder andere ähnliche Sachen, so soll der Einnehmer mit den Inquisitoren dafür sorgen, daß Befehl gegeben werde, sie in einer öffentlichen Versteigerung zu verkaufen, und das von solchen Sachen gelößte Geld soll in die Verwahrung gemeldeter Sequestratoren oder in eine Wechselbank, wie es die Inquisitoren und Einnehmer am besten finden, beygelegt werden.

Eben

Eben so, wenn liegende Güter sind, welche verkauft werden müssen, so sollen besagte Inquisitoren dem Sequestrater Befehl geben, daß er sie gemeinschaftlich mit dem Einnehmer in einer öffentlichen Versteigerung verkaufe.

Art. 2.

Ferner befehlen Ihro Hoheiten, daß ein jeder von den Einnehmern, die auf Ihrem Befehl bestellt sind, sich der Güter derjenigen Ketzer versichere und sie in Empfang nehme, die in dem Bezirk, wo sie angestellt sind, wohnen und sich aufhalten; und, daß sie sich nicht unterstehen, die Güter von irgend einem Ketzer, der zu einer andern Inquisition gehört, einzuziehen, sondern, so bald einer von den genannten Einnehmern, wegen einiger um besagten Verbrechens willen, gerichtlich eingezogenen Güter, die in dem Bezirk eines andern Einnehmers gehören, Nachricht erhält, soll er es unverzüglich anzeigen, damit man sich derselbigen versichere und sie in Empfang nehme; unter der Strafe, daß derjenige, der es verschweigt, sein Amt verlieren und verpflichtet seyn solle, den Schaden und Verlust zu ersetzen, welcher durch seine Nachlässigkeit der königlichen Schatzkammer Ihrer Hoheiten erwachsen würde.

Art. 3.

Ferner, kein Einnehmer soll die Güter eines Ketzers oder Abtrünnigen ohne einen besondern geschriebenen Befehl der Inquisitoren sequestriren; noch solche Güter in die Hände der Einnehmer, sondern in die Hände einer zuverläßigen Person, übergeben; die Sequestration soll durch den Einnehmer nebst den Gerichtsbedienten der Inquisition in Gegenwart des Sequestrations=Schreiber geschehen, welcher das, was sequestrirt worden, vollständig einschreiben und die Beschaffenheit jeder Sache anmerken soll.

Art. 4.

Dieser und die folgenden Artikel sind im Jahr 1498. vom Prior zu Sevilla aufgesetzt worden.

Desgleichen, daß die Einnehmer, wenn die Güter der gefänglich eingezogenen Personen sequestrirt werden sollen, mit dem Richter und Notario der Sequestration gegenwärtig seyn, alle besagte Güter aufschreiben und die also aufgeschriebenen und aufgezeichneten Sachen in die Verwahrung der Sequestratoren geben sollen, und daß sie sich nicht unterstehen, irgend eine Sache davon zu nehmen, bis sie eingezogen worden. Sollten sich darunter einige fremde Sachen befinden, so sollen die Inquisitoren, nach erhaltener Nachricht, sie sogleich denenjenigen, welchen sie zugehören, geben und ausliefern lassen. Aber wenn der Gefangene frey aus dem Gefängniß entlassen würde; so sollen ihm alle seine Güter, nach eben diesem Verzeichniß, das in Gegenwart besagten Notarii der Sequestration verfertiget worden ist, übergeben werden; und die Schulden, die klar und deutlich sind, und bezahlt werden müssen, sollen die Inquisitoren alsbald ausbezahlen lassen, ohne die Befreyung eines solchen Gefangenen zu erwarten. Wenn besagte Sequestration vollendet ist; so soll der genannte Richter das Sequestrirte und das Verzeichniß der Güter mit seinem Namen unterschreiben, welches in Verwahrung des Notarius der Sequestration bleiben soll und ein anderes Exemplar, eben so von dem Richter und dem Notario unterschrieben, soll dem Sequestrator solcher Güter zugestellt werden.

Art. 5.

Desgleichen, wenn nach der Angabe und Confiscation der Güter des Verurtheilten, einige Schulden oder streitige Güter sich vorfinden sollten, so soll der Einnehmer in der Zeit, bis es sich aufklärt, wem sie zugehören, nicht darüber disponiren, sie zu verkaufen, bis daß es durch den Richter bestimmt ist, wem die Güter zugehören; und die Güter, welche bequem, ohne Nachtheil des Fiscus getheilt werden können, sollen sie theilen, und demjenigen, der darauf Anspruch hat, seinen Antheil geben; wenn sie aber ohne Theilung verkauft werden, so soll der Einnehmer den Theil des gelößten Geldes denenjenigen, welchen der Theil zugehört, ohne im geringsten etwas abzuziehen, übergeben. Der Richter soll auf Verlangen des Einnehmers alsbald öffentlich bekannt machen, daß die Güter confiscirt seyn, damit jeder der darauf Anspruch machen könnte, innerhalb des Zeitraums, der durch besagte Richter bestimmt werden wird, vor ihm erscheine. Desgleichen, wenn einige Güter in den Händen des dritten Besitzers sich befinden sollten, so soll der Einnehmer sie nicht in Besitz nehmen, noch verkaufen, bis es durch den Richter entschieden ist, ob sie dem Fiscus gehören oder nicht. Der Einnehmer soll darnach seine Forderung einrichten und die Sache nach Gerechtigkeit entschieden werden.

Art. 6.

Desgleichen, daß die benannte Einnehmer keinen Handel oder Vertrag wegen solcher eingezogener Güter schließen sollen; noch

sie

sie außer der öffentlichen Versteigerung verkaufen oder zuschlagen. Die liegenden Güter sollen sie in dreyßig Tagen nach ihren Terminen und Ausgeboten verkaufen, weder vor noch nachher. Besagte Einnehmer sollen sich auch nicht unterstehen, weder öffentlich noch insgeheim, gegen obiges oder einen Theil desselben zu handeln, unter der Strafe des größeren Kirchenbannes und hundert Ducaten in Golde, und überdies sollen sie ihrer Aemter entsetzt werden, und allen den Verlust, der den Einkünften des Fiscus daraus erwachsen würde, bezahlen. Ferner sollen besagte Inquisitoren, Einnehmer oder andere Beamte der Inquisition, unter den genannten Strafen, nichts in der öffentlichen Versteigerung noch außer derselben von besagten Gütern kaufen oder sich zueignen, noch die Einnehmer ihnen unter den gemeldeten Strafen geben. Es versteht sich von selbst, daß sie besagte Güter nicht verkaufen können, nach den dreyßig Tagen, ausgenommen, wenn besagter Einnehmer gemeinschaftlich mit den Inquisitoren es für besser halten würde, zum Vortheil und Nutzen der Einnehmer sie nach Verfluß von 30 Tagen zu verkaufen, welches dem Gutdünken und der Einsicht besagter Inquisitoren und des Einnehmers gemeinschaftlich überlassen wird.

Art. 7.

Desgleichen, daß besagte Einnehmer, und Einnehmer der Geldstrafen, gewisse und zuverläßige Bürgschaften leisten, bis auf dreymal hundert tausend Maravedis, wenn es ihnen zureicht.

Art. 8.

Dieser (und die beyden folgenden) Artikel sind ausgefertigt worden vom Bischof zu Palencia in Medina del Campo im Jahre 1504.

Ferner, den Einnehmern soll von allen Urtheilen, welche die Richter der Güter auf diese Weise gefällt haben, eine Anzeige gemacht werden, und eben so von den sequestrirten Gütern durch den Sequestrations-Schreiber, auch soll der Richter über die Güter, für sich selbst ein Buch halten, worin er alle die Urtheile, welche er fällt, und den Tag, an welchem er sie spricht, und den Betrag eines jeden derselben schriftlich eintragen. Zu dem Ende soll ein jeder von ihnen besonders einen Eid in die Hände der Inquisitoren ablegen, und eben so soll auch der Notarius des Gerichts, wo über die Güter geurtheilt wird, schwören. Dieser soll von den Urtheilen, die der Richter giebt, eine Anzeige und Verzeichniß verfertigen und es

dem

dem Notarius der sequestrirten Güter übergeben, und zu der Zeit, wenn die Einnehmer kommen, ihre Rechnungen vorzulegen,
sollen die Richter über die Güter ihre Memorialbücher geschlossen und versiegelt dem Sequestrations-Schreiber geben, damit er sie
seinen Büchern beylege.

Art. 9.

Eben so wird auch allen besagten Einnehmern bekannt gemacht, daß wenn sie ihr Amt
nachläßig versehen, so wohl beym Einfordern
der Güter, die der Kammer und dem Fiscus
zugehören, als auch bey Führung und Vertheidigung der Processe, daß sie allen den
Nachtheil und Schaden, der der Kammer
Ihrer Hoheiten daraus erwächset, mit dem
doppelten von ihrer Besoldung, und wenn
dieses nicht hinreicht, mit ihrem eigenen Geld
und Gut bezahlen sollen.

Art. 10.

Desgleichen, daß den Einnehmern nicht
das geringste von dem, was sie aufwenden,
in die Rechnung aufgenommen werde, außer,
wenn sie deswegen einen Befehl von Ihro
Hoheiten, oder den General-Inquisitoren,
oder von dem Rath der General-Inquisition,
oder von den Inquisitoren, oder von dem
Richter

Richter der Güter in den Processen, die vor ihm geführt werden, vorzeigen.

Art. 11.

Dieser und folgender Artikel sind vom Cardinal Franc. Ximenez, General-Inquisitor in Madrid, im Jahre 1516. ausgefertiget.

Desgleichen, daß von nun an alle die Besoldungen, welche man denen Amtsverwesern der Einnehmer gab, eingezogen werden, und daß die Einnehmer sich mit der Besoldung von sechzig tausend Maravedis, welche ihnen gereicht wird, begnügen sollen; wenn aber einige von ihnen Amtsverweser anstellen, so soll es auf ihre, und nicht auf des Fiscus Kosten geschehen.

Art. 12.

Desgleichen, daß dem Rechnungsführer und den Personen, welche den Einnehmern die Rechnungen abnehmen, befohlen werde, daß sie ihnen auftragen sollen, die Verwaltung der Güter vorzulegen, von welchen sie sagen, daß sie bey ihrer Zeit nicht eingezogen worden sind, und wenn sie keine Verwaltung vorlegen, die sie von Nachläßigkeit freyspricht, so soll es ihnen zur Last fallen.

Art. 13.

Desgleichen soll der Einnehmer verbunden seyn, reine Rechnung von allen den Gütern seiner Einnahme abzulegen, ohne irgend eine Sache wegzulassen; und von dem, wovon er nicht reine Rechnung ablegt, soll er verbunden seyn, die Verwaltung innerhalb eines Jahrs vorzulegen; thut er es nicht, so soll ihm keine Besoldung gereicht werden und er muß die Interessen des Schadens bezahlen, der dem Fiscus daraus erwachsen ist. Desgleichen, daß ein neu angestellter Einnehmer verbunden sey, nicht allein das von seiner Zeit, sondern auch den Zuwachs und die Schulden der andern Einnehmer, die vor ihm gewesen sind, innerhalb eines Jahres einzutreiben, Zu dem Ende soll ihm wegen der Nachlässe einige Besoldung für die Amtsverweser, die ihm helfen, gegeben und zugelegt werden, besonders in Toledo, wo mehr Nachlässe sind, als in andern Gegenden.

Art. 14.

Befehl des Raths, wie die Einnehmer die gerichtlich eingezogenen Güter verkaufen sollen.

Wir vom Rath des Königs und der Königinn, unserer Herren; da wir die eingezogezogenen Güter und die Sachen, die das Amt der heil. Inquisition betreffen, in Erwägung gezogen haben, thun wir zu wissen, Euch Martin Martinez von Uzqulano, Einnehmer der eingezogenen Güter, die der Kammer und Fiscus Ihrer Hoheiten wegen dem Verbrechen der ketzerischen Irrthümer und Abfalls vom Glauben heimgefallen sind, in den Städten und Bischümern von Burgos, Palencia, Avila und Segovia :c. daß wir in Erfahrung gebracht haben, daß Ihr, genannter Einnehmer, viele bewegliche und liegende Güter, die um des besagten Verbrechens willen in gemeldeter Gegend eingezogen sind, ohne daß dabey die in unsern Instructionen bestimmte Personen gegenwärtig sind, verkaufet und versteigert, welches zu vielen Schaden und Nachtheil des besagten Königlichen Fiscus und zur Gefahr eures Gewissens gereicht und gereichen kann; und weil es uns zukommt, Maasregeln darin zu treffen, wie es am besten ist, so ermahnen wir euch durch den Inhalt des gegenwärtigen Briefes, und gebieten euch, Kraft des heil. Gehorsams und unter der Strafe des Kirchenbanns und funfzig tausend Maravedis in die Kammer und Fiscus Ihrer Hoheiten, für jedesmal, wenn ihr das Gegentheil thun werdet, daß Ihr, besagter Einnehmer, von

nun

nun an, euch nicht unterstehet zu verkaufen noch öffentlich zu versteigern, weder in einer öffentlichen Versteigerung noch außer derselben, sowohl bewegliche als unbewegliche Güter, oder lebendige Haabe und andere Güter, von welcher Gestalt und Beschaffenheit sie seyn, die eingezogen worden sind, um besagtes Verbrechen der Ketzerey in genannten Städten und Bisthümern und in allen andern Städten, Flecken und Orten, die unter der Gerichtsbarkeit der Inquisitoren sind, in welcher Ihr Einwohner seyd, ohne daß bey diesem gegenwärtig sey und euch beystehe, der Notarius der Sequestration besagter Inquisitionen, der es gegenwärtig ist oder in Zukunft seyn wird. Damit nun obenbesagtes besser bewerkstelliget und vollzogen werden könne; so ermahnen und gebieten wir euch, durch den Inhalt des gegenwärtigen, unter den gedachten Strafen, dem Franciscus Garcia de Almenara, Sequestrations-Schreiber genannter Städte und Bisthümer, Ihm und allen denen, die ihm in besagtem Amte in Zukunft folgen werden, daß so oft sie durch euch, dem Einnehmer, eingeladen sind, sie mit euch gehen sollen in besagte Städte, Flecken und Orte, wo die eingezogenen Güter sind, die verkauft werden sollen, und daß er gegenwärtig sey und ge-

mein-

meinschaftlich mit euch dem Verkauf und der Versteigerung solcher Güter beywohnen soll. Er soll euch von diesem allen, Nachricht geben, und weder der eine noch der andere von euch soll das Gegentheil auf irgend eine Weise thun, indem wir euch versichern, daß wenn ihr nicht diesem vollkommen gemäß handelt, wir an euch und an einem jeden von euch genannte Strafen werden vollziehen lassen.

Gegeben in der Stadt Segovia am 14ten Tage des Monaths November, im Jahr 1503. Erzbischof von Jaen, Bartholomäus, Licentiat, K. Doct. M. Magister in der Theologie und Protonotarius. Auf Befehl der Herren des Raths.

Christoval von Cordova.

Art. 15.

Vom Prior in Valladolid im Jahr 1488.*)

Desgleichen, da in den vergangenen Zeiten der Inquisitoren und Beamten ihre Besoldungen nicht zu rechter Zeit und wie es Ihro Hoheiten befohlen haben, entrichtet worden sind, wegen der Zahlungen und Lieferun-

---

*) S. Seite 49. Art. 13.

serungen, welche Ihro Hoheiten auf die Einnehmer ausstellen, und weil daraus, wenn diesem nicht abgeholfen wird, viele nachtheilige Folgen entstehen und dieses heil. Geschäft Schaden nehmen könnte; so wurde, diesem vorzubeugen, und damit die Inquisition bessern Fortgang habe, wie es zum Dienst Gottes und Ihrer Hoheiten gereicht, und die Klagen, welche beständig bey dem hochwürdigen Pater Prior einlaufen, aufhören, nach einem langen Streite beschlossen, bey Ihro Hoheiten eine Bittschrift einzugeben, daß sie in den Scheinen und Anweisungen, welche den Einnehmern ertheilt werden, befehlen, daß ehe irgend ein Gnadenbrief und Anweisung auf ihre Casse angenommen wird, die Inquisitoren und Beamte bezahlt werden sollen; darauf sollen besagte Einnehmer gleich zu der Zeit, wo ihnen gedachtes Amt aufgetragen wird, schwören. Wenn aber auf der andern Seite nichts in der Casse seyn sollte, wovon sie bezahlt werden könnten, so sollen besagte Einnehmer, zu dem Ende von den Gütern und andern Sachen, so viel, als dazu hinlänglich ist, verkaufen können. Falls sie das Gegentheil thun, so können die Inquisitoren sie entlassen und alsbald Ihro Hoheiten ersuchen, daß sie befehlen andere Einnehmer zu bestellen, welche es besser machen.

G   Art.

Art. 16.
Vom Prior in Sevilla
im Jahre 1485.

Desgleichen befehlen Ihro Hoheiten, daß der Einnehmer den Inquisitoren und den Beamten der Inquisition den dritten Theil Ihrer zukünftigen Besoldung, zu Anfang jedes vierten Monaths ausbezahlen solle, damit sie zu leben haben und ihnen die Gelegenheit benommen werde, Geschenke anzunehmen. Die Ausbezahlung ihrer Besoldung soll mit dem Tage anfangen, da sie aus ihren Häusern gegangen sind, um in besagter Inquisition ihre Stelle anzutreten. Eben so sollen sie auch die Boten, welche Ihro Hoheiten an die Inquisitoren schicken und alle andere Unkosten, welche die Inquisitoren zum Vortheil des Amts zu machen, für gut halten, bezahlen, z. B. für die ewige Gefangenschaft, oder Unterhaltung der Gefangenen und zu allerley andern Ausgaben und Unkosten.

Befehl des Raths wegen der Form, die zu beobachten ist, wenn einer ein Recht auf die gerichtlich eingezogenen Güter zu haben behauptet.

Wir vom Rath des Königs und der Königinn, unserer Herren, da wir die eingezogenen Güter und die Sachen, die die heilige Inquisition betreffen, in Erwägung gezogen haben, so befehlen wir euch, Einnehmer der eingezogenen Güter in der Stadt und Bisthum von Barcelona, daß von nun an, wenn ihr öffentlich bekannt machet, daß alle diejenigen, die einige, auf die von der Kammer Ihro Hoheiten eingezogenen Gütern haftenden Schulden vorgeben, innerhalb dreyßig Tagen kommen und anzeigen, was sie zu fordern haben ꝛc. und einer oder einige eine Summe oder Anzahl von Maravedis forderte; so sollt ihr so viel von den Gütern eingezogen lassen, als zur Bezahlung dieser Schuld hinlänglich ist. Das übrige sollet ihr verkaufen und darüber disponiren, wie ihr es sonst zu thun gewohnt seyd, denn um einer Schuld willen sollen nicht alle Güter in Beschlag genommen werden, hingegen diejenigen Güter, die sequestrirt bleiben, sollen nicht verkauft werden, bis die

Sache entschieden ist. Desgleichen, wenn jemand auf einen Theil des Hauses oder Eigenthums Anspruch macht; so verkauft es mit den andern Gütern in einer öffentlichen Versteigerung, und legt so viel von dem Gelde in deposito: als hinreichend ist, den Theil, den ein solcher fordert, zu bezahlen. Dieses thut von nun an also, unerachtet des Artikels der Instruction, der darüber vorhanden ist.

Gegeben in der Stadt Granada, am 6ten Tage des Monaths Augusts im Jahr 1499. Welchen Artikel der Instruction, wir nach dem gegenwärtigen Inhalt eröfnen und befehlen.

M. Erzbischof von Messana.

A. Bischof, Licentiat Bartholomäus.

Auf Befehl der Herren des Raths.

D. de Corteguna.

Verglichen mit dem Original durch mich

Lope Diaz, Secretair.

Desgleichen, daß alle die Einnehmer besondere Rechnungen von den Geldstrafen halten, und ohne Willen und Befehl Seiner Hochwürden nichts darüber verfügen.

Art.

Art. 17.
Vom Cardinal Bruder Franciscus Ximenez in Madrid im Jahre 1516.

Schreiben des Raths, wegen der von dem Jahr 1479. veräußerten Güter.

Ehrbarer Herr Einnehmer : : : : hier ist ein Befehl und Schluß Ihrer Hoheiten über die Güter eingelaufen, welche einige Personen von denen, welche wegen Ketzerey, so wohl gegenwärtig als abwesend oder nach ihrem Tode, verurtheilt worden, unter verschiedenem Titel in Besitz gehabt haben; Ihro Hoheiten befehlen, daß alle Arten von Gütern, die ihr in den Händen eines dritten Besitzers findet, es seyn bewegliche oder unbewegliche, welche von solchen Verurtheilten, vor Verfluß des Jahres 1479, veräußert worden, und die sie theils unter dem Titel des Kaufs, theils des Tausches, Wechsels, Heyrathsguts, Brautgeschenks oder unter irgend einem andern besondern und eigenen Titel gehabt haben, daß ihr diese nicht im Gericht noch außer demselben fordert oder verlangt, ehe ihr euch unterrichtet habt, welche Güter es sind, die jeder besitzt, von welchem Belang und wer die Person ist, die dergleichen besitzt und ob irgend ein Betrug oder

List dabey ist und andere Eigenschaften und Umstände, die etwa dabey seyn möchten. Ihr habt es uns daher zu wissen zu thun, damit wir sehen, ob sie sollen gefordert werden oder nicht. Dieses dient euch zur Vorschrift und hierin soll es nicht anders gehalten werden, denn also wollen und befehlen es Ihro Hoheiten, und in ihrem Namen thun wir es euch kund und gebieten es euch. Unser Herr und Heiland segne Euren Stand und Würde.

Von Alcala-Real den 27ten May 1591.

An diejenigen, denen ihr es befehlen werdet.

Der Dechant von Toledo, M. Doctor. Philippus, Doctor.

Es war überschrieben: dem Ehrbaren Herrn Anton de Gamarra, Einnehmer der heil. Inquisition zu Toledo.

Diese Abschrift ist genommen von einer andern Abschrift, die von Franciscus Hernandez de Osegaera, öffentlicher Schreiber zu Toledo unterzeichnet ist; vorgelegt in einem Proceß zwischen dem Königlichen Fiscus und Johann Nieto, Inwohner von Puebla de Montalvan.

Die

Die Instructionen, welche den Sequestrations-Schreiber betreffen, sind eben dieselbigen, welche der Einnehmer hat.

Die Instructionen, welche überhaupt die Inquisitoren und Beamte betreffen, sind diese:

Art. I.
Vom Prior zu Sevilla im Jahre 1484.

Ferner beschlossen sie, daß die Inquisitoren, Assessoren der Inquisition und die andern Beamte desselben, so wie die Advokaten, Fiscale, Gerichtsbediente, Notarien und Thorhüter sich hüten sollen, Gaben oder Geschenke anzunehmen von irgend einer Person, welcher diese Inquisition angeht oder angehen könnte, oder von andern Personen für sie; und der Prior des Klosters zum heil. Creuz soll ihnen befehlen, daß sie nichts annehmen, unter der Strafe des Banns und des Verlustes ihrer Aemter, die sie bey dieser Inquisition haben; und daß sie das, was sie also angenommen, doppelt wieder erstatten und bezahlen sollen.

*) S. Seite 33 Art. 25.

Art. 2.

Vom Prior zu Valladolid im Jahr 1488.*)

Desgleichen beschossen sie, um jeden Verdacht und nachtheilige Folgen, welche bis jetzo entstanden sind und auch in Zukunft vorkommen könnten, zu vermeiden, daß bey der Aufnahme der Zeugen und den andern Handlungen und Sachen der Inquisition, wo es sich geziemet, Stillschweigen zu beobachten, die Inquisitoren nicht zugeben noch gestatten sollen, daß andere Personen als solche, die von Rechtswegen dazu gehören, gegenwärtig seyn, außer dem Gerichtsbedienten, Einnehmer oder den anderen Dienern der Inquisition, auf welche man könne Argwohn haben, daß sie etwas anders als ihre Pflicht thun werden; und solche sollen es nicht für schwer halten, weil es zum Besten des heil. Amts gereicht.

Art. 3.

Desgleichen,**) damit in das Amt der Inquisition nur solche Personen gesetzt werden, auf deren Treue und Glauben man sich verlassen könne, und die so sind, daß sie hinläng-

---

*) S. Seite 43. Art. 6. **) Seite 51. Art. 15.

längliche Sicherheit für das ihnen übertragene Amt geben; so wurde beschlossen, daß von nun an alle die Notarien, Fiscale, Gerichtsbediente und andere Beamte, das Amt und die Pflicht, die sie haben, mit schuldigem Fleiß, selbst in eigener Person, und nicht durch andere versehen, ausgenommen die Einnehmer, unter der Strafe, das derjenige, der das Gegentheil thut, das Amt und die Würde, die er bekleidet, verliere. Und daß keiner von den Gerichtsbedienten einen Stellvertreter haben darf, ausgenommen, wenn er um seines Amts willen drey oder vier Meilen von der Stadt gehen müßte. In diesem Fall soll nicht der Richter, sondern die Inquisitoren ihm das Amt geben, und zu diesem allein einen andern Gerichtsdiener setzen, dessen Amt aufhört, so bald sich die Reise endiget, zu welcher einer ausgeschickt worden.

Art. 4.
Vom Prior in Sevilla im Jahr 1485.

Erstlich, daß in jedem Distrikt, wo es nöthig seyn wird, eine Inquisition anzustellen, auch in denenjenigen, wo gegenwärtig eine ist und gehalten wird, zwey Inquisitoren oder wenigstens ein guter Inquisitor und ein Assessor seyn sollen. Diese sollen gelehrte Män-

Männer, von gutem Ruf, gewissenhaft und die geschicktesten seyn, die man haben kann. Diesen soll ein Gerichtsbedienter, ein Fiscal, Notarien und die andern Beamte, die bey der Inquisition nothwendig sind, zugegeben werden, welches gleichfalls geschickte und fleißige Männer in ihrer Art seyn sollen. Gedachten Inquisitoren und ihren Beamten sollen ihre Besoldungen, die ihnen zukommen, gegeben und angewiesen werden. Ihro Hoheiten geruhen und befehlen, daß keiner von gedachten Beamten von seinem Amte, Gebühren für die Handlungen nehme, die sie in besagter Inquisition oder in den Geschäften und Sachen, die davon abhangen, ausüben, unter der Strafe das Amt zu verlieren; auch befehlen sie, daß keiner von besagten Inquisitoren irgend einen Beamten des genannten Amts in seinen Diensten halte, denn also gereicht es zum Wohl des Geschäfts und zum Dienst Ihrer Hoheiten.

Art. 5.

Desgleichen, daß kein Beamter, gedachter Inquisition, eine Gebühr nehme, für irgend eine Sache seines Amts, weil der König, unser Herr, befohlen hat, ihnen einen hinlänglichen Unterhalt zu reichen, und ihnen künftig Wohlthaten wird angedeihen

lassen,

lassen, wenn sie ihre Pflicht thun. Auch sollen sie keine Geschenke oder Bestechungen von irgend einer Person annehmen; sollte es sich aber zeigen, daß einer von ihnen das Gegentheil thäte; so soll er durch eben dieses seines Amts verlustig und noch dazu der Strafe ausgesetzt seyn, mit welcher ihn die Inquisitoren belegen werden. So oft ein solcher Fall eintrift, sollen sie es Ihro Hoheit, dem König, unserm Herrn und mir schreiben, damit man sich nach einen andern Beamten umsehe. Unterdessen soll ein anderer an die Stelle eines solchen Verbrechers gesetzt werden, derjenige, den die Inquisitoren bestimmen werden, bis der König, unser Herr und ich Einrichtungen darin getroffen haben.

Art. 6.

Vom Prior zu Sevilla im Jahr 1498.

Desgleichen, daß besagte Inquisitoren und alle die andern Beamte zu der Zeit, wo sie in ihre Aemter eingesetzt werden, einen Eid ablegen sollen, daß sie gut, treu und gewissenhaft ihr Amt versehen und ausüben, jedem sein Recht, ohne Ausnahme der Personen, schützen, und jeder in dem Amte, das er hat, Verschwiegenheit und Gewissenhaf-
tig-

tigkeit beobachten und mit allem Fleiß und Sorgfalt es verwalten wolle.

Art. 7.

Ferner,*) daß die besagten Inquisitoren und Beamte sich mit allem Anstand betragen und anständig leben, sowohl in der Kleidung und Anzug ihrer Personen, als in allen andern Stücken; und, daß in den Städten, Flecken und Orten, wo Waffen verboten seyn sollten, kein Beamter noch einer der zur Inquisition gehört, sie trage, außer, wenn sie bey den Inquisitoren und dem Gerichtsbedienten sind; und daß besagte Inquisitoren ihre Beamte und Hausgenossen bey der Inquisition, in Civilsachen die zur Königlichen Gerichtsbarkeit gehören, nicht vertheidigen, ausgenommen, in Criminalfällen, in welchen allein besagte Beamte sich dieses zu erfreuen haben.

Art. 8.

Ferner,**) daß in keinem Inquisitions-Gericht ein Inquisitor oder Beamter sey, der ein Anverwandter oder Client des Inquisitors oder irgend eines Beamten in eben demselben Inquisitions-Gerichte ist.

Art.

*) S. Seite 56. Art. 2.   **) Seite 60. Art. 9.

Art. 9.

Desgleichen, daß kein Inquisitor noch Beamter, sowohl vom Rath als auch von den Inquisitoren, Gaben an Speise oder Trank, noch Geschenke, sie mögen seyn und heißen wie sie wollen, weder von irgend jemand noch von den Beamten der Inquisition annehme. Sollte einer angetroffen werden, so wohl höhere als geringere, der irgend eine Sache über einen Real angenommen hätte, der soll, wenn er dessen überwiesen ist, seines Amts verlustig seyn und entsetzt werden, und das, was er angenommen, doppelt zurückgeben und zehn tausend Maravedis Strafe bezahlen, welches der Einnehmer für sich von der Besoldung desselben zurückhalten soll, damit es ihm zur Strafe und andern zum Beyspiel diene. Auch der, der es weiß und bey der Visitation oder denen vom Rath nicht anzeigt, soll eben diese Strafe leiden.

Art. 10.

Desgleichen, daß kein Inquisitor oder anderer Beamter allein in das Gefängniß der Inquisition gehe, um mit irgend einem Gefangenen zu reden, ausgenommen in Begleitung eines andern Beamten, mit Erlaubniß und

und auf Befehl der Inquisitoren. Und alle sollen schwören, daß sie dieses beobachten wollen.

Art. 11.

Ferner, daß kein Inquisitor oder anderer Beamter der Inquisition zwey Aemter habe noch zwey Besoldungen einnehme; Auch kein Notarius noch ein anderer Beamter der Inquisition soll unter Vorwand seines Amts einige Gebühren nehmen, ausgenommen der Schreiber, (Escrivano) der in dem Hause des Gerichts über die Güter wohnt. Dieser kann Gebühren nehmen, wie es ihm wird durch eine Liste bestimmt werden, die ihm zugestellt werden soll. Dieses soll erlaubt seyn, weil sie keine andere Besoldungen genießen, und damit das Verzögern der Sachen vermieden werde, die sie vorsetzlicher Weise aufschieben könnten, wenn sie wüßten, daß die Kosten und die Gebühren nicht bezahlt werden.

Art. 12.

Ferner, daß die Inquisitoren und Beamte in den Städten, Flecken und Ortschaften, wo die Inquisition ihren Sitz hat, ihre Wohnungen bezahlen, und sich mit Betten und andern Sachen, die sie bedürfen, für ihr

ihr eigenes Geld versehen und sich nicht in den Häusern der Bekehrten einquartieren.

Art. 13.

Vom Prior zu Sevilla im Jahr 1485.

Desgleichen wollen Ihro Hoheiten, daß bey dem römischen Hofe eine gelehrte und einsichtsvolle Person angestellt werde, welche alle, die Inquisition in diesen Reichen betreffende Geschäfte, besorge; und daß diese von den, wegen des Verbrechens der ketzerischen Irrthümer eingezogenen Gütern, die Ihro Hoheiten gehören, hinlänglich bezahlt werde, und so befehlen sie es ihren Einnehmern.

Art. 14.

Ferner befehlen Ihro Hoheiten, da sie für gut halten, allen denjenigen, welche, ob sie gleich des Verbrechens der ketzerischen Irrthümer beschuldigt worden, in der Gnadenzeit ordentlich und der Vorschrift gemäß, aufgenommen worden sind, ihre Güter in Gnaden zukommen zu lassen, daß solche, wieder zu Gnaden Aufgenommene, für sich selbst jede Schulden, von welcher Zeit sie auch herrühren, für sich einfordern können, und daß der Königliche Fiscus sie nicht daran hindere.

Art.

Art. 15.

Vom Prior in Avila im Jahr 1498.

Imgleichen, soll eine jede Inquisition zwey geheime Notarios, einen Fiscal, einen Gerichtsbedienten, mit der Aufsicht über das Gefängniß, einen Einnehmer, einen Boten, einen Thorhüter, einen Richter über die eingezogenen Güter und einen Fiscus haben. Alle diese genannte Beamte sollen folgende Besoldungen genießen:

> Jeder von den Inquisitoren jährlich 60000 Maravedis.
>
> Jeder von den Notarien 30000 Maravedis.
>
> Ein Fiscal, 30000 Maravedis, und wenn er in Sachen des Fiscus Advokat ist, so sollen ihm 40000 Maravedis gereicht werden.
>
> Der Gerichtsbediente, (Alguazil) mit der besagten Aufsicht über das Gefängniß, 60000 Maravedis.
>
> Der Einnehmer, 60000 Maravedis, mit dem Auftrag, auf seine Kosten einen Prokurator, mit dem die Inquisitoren zufrieden sind, zu halten.
>
> Der Bote, 20000 Maravedis.

Der Thorhüter, 10000 Maravedis.

Der Richter über die eingezogenen Güter 20000 Maravedis, oder 30000, je nachdem die Inquisition und die Geschäfte derselben seyn werden.

Der Fiscus 5000 Maravedis.

Ungeachtet dieser bestimmten und mittelmäßig angesetzten Besoldungen, welches das wenigste ist, das gegeben werden kann, können die General-Inquisitoren, so wie es ihnen gut dünken wird, Zulage machen, je nachdem es ihnen zuträglich scheint. Was den Gelehrten des Fiscus betrift, so soll ihm, die von den General-Inquisitoren bestimmte Summen, von den Gütern des Fiscus gegeben werden.

Art. 16.

Desgleichen soll ein Visitator, ein guter, gelehrter, gewissenhafter Mann seyn, in einem gesetzten Alter, der alle Inquisitionen visitiren, und aufrichtige Erkundigung von einer jeden derselbigen und dem Zustand, in dem sie sind, einziehen soll, damit das nöthige verfüget werden könne. Dieser soll sich aber nicht mehr Macht anmaaßen, als ihm zu diesem Zweck gegeben worden; Er soll nicht wohnen und speisen bey den Beamten noch Geschenke von ihnen oder von irgend einen für sie annehmen. Sollte es nothwendig seyn, so sollen zwey angestellt werden.

Edict
des Bischofs zu Palencia,
General-Inquisitors.

Wir vom Rath des Königs und der Königinn, unserer Herren, die wir das Beste und die Sachen, die das Amt der heiligen Inquisition, betreffen, in Erwägung gezogen haben, befehlen Euch, dem Richter, der, wegen des Verbrechens der Ketzerey und Abfalls vom Glauben, eingezogenen Güter, in der Stadt und Erzbisthum zu Sevilla, daß so oft Johann Gutierrez Egas, Einnehmer der, wegen des Verbrechens und der Beschuldigung der Ketzerey und Abfalls vom Glauben in dieser genannten Stadt und Erzbisthum Sevilla, eingezogenen Güter oder ein anderer, der ihm in seiner Stelle folgen wird, von irgend einer Person oder Personen, Männer oder Frauen, von welchem Stande und Würde sie seyn, die Güter verlangen und fordern würde, die sie vor dem
Jahre

Jahre 1479. von den in der Inquisition ver=
urtheilten Personen gehabt haben, daß ihr
nicht darein williget noch Erlaubniß gebet,
daß ein Proceß darüber angestellt werde;
nemlich: wenn ihr die Rechte solcher Besitzer
untersucht habt, und findet, daß die An=
sprüche, die sie haben, besondere sind, vor
dem Jahre 147.., und sie rechtgläubige sind
und in dem Verkauf oder Schenkung, kein
Betrug, List, Schalkheit oder irgend ein
falsches Vorgeben untergelaufen sey, so sollt
ihr dem gedachten Einnehmer befehlen, daß
er von solchen Personen besagte Güter nicht
verlange, noch sie deswegen beunruhige.
Denn so ist der Wille Ihro Hoheiten und
ihr sollt nicht anders darin handeln.

Gegeben in der Stadt Toledo, am
4ten Tage des Monaths Junius im
Jahre 1502.

Erzbischof zu Siena. Bartholomäus,
Licentiat. R. Dect.

Auf Befehl der Herren des Raths.
Antonio de Barzena.

Edict
eben dieses Bischofs zu Palencia.

Wir D. Bruder Diego de Deça, von Gottes und der heiligen romischen Kirche Gnaden, Bischof zu Palencia, Graf von Perna, Beichtvater und vom Rath des Königs und der Königinn, unserer Herren, General-Inquisitor der ketzerischen Irrthümer und Abfalls vom Glauben in allen Reichen und Herrschaften ihrer Hoheiten, durch die apostolische Gewalt gesetzt und verordnet. Da wir in Erfahrung gebracht, daß einige Beamte und Diener des Amts der heil. Inquisition sich in Geschäfte, Handlungs- und Gewerbesachen, die ihren Aemtern fremd und davon entfernt sind, mischen, da ihnen doch für diese von Ihro Hoheiten, hinlängliche Besoldungen ausgeworfen sind, woraus viele Hinderniß, Nachrede und Unordnung für das heil. Amt entsteht, wie wir aus Erfahrung wissen und täglich erfahren, und da wir, wie es uns als General-Inquisitor zukommt, in diesem Stücke gern solche Maasregeln treffen wollten, daß der Dienst Gottes und Ihrer Hoheiten befordert, unser heiliger catholischer Glaube ausgebreitet und das Amt der heil. Inquisition, wie es seyn soll,

soll, ausgeübet werde: so gebieten und verordnen wir, nach Einwilligung, Gutdünken und Einstimmung der Herren des Raths der heiligen Inquisition, durch den Inhalt des gegenwärtigen, daß von nun an kein Inquisitor, Gerichtsbedienter, Fiscal, Einnehmer, Notarius, noch Bote und Thorhüter des Amts der heil. Inquisition in allen Reichen und Herrschaften Ihro Hoheiten, noch irgend eine andere Person, die von dem heil. Amt besoldet wird, sich unterstehe oder es wage, weder für sich selbst, noch durch eine andere Person, öffentlich oder heimlich, mittelbar oder unmittelbar oder sonst unter einem erkünsteltem Schein, sich in Handlungs- und Gewerbesachen, es sey auf welche Art es wolle, einlasse: unter der Strafe, daß wenn ein Beamter das Gegentheil thun würde, er ipso facto seines Amts verlustig seyn solle. Und wir befehlen dem Einnehmer eines jeden Amts, wo ein solcher Beamter seyn möchte, unter der Strafe von funfzig Ducaten in Golde an das Amt dieser Inquisition, daß er ihn von dem Tage an, da er einen solchen Kaufhandel und Gewerbe treiben wird oder durch andere treiben läßt, wie gesagt ist, nicht mehr für einen Beamten halte, noch ihm die Besoldung, die er wegen eines solchen Amts zu genießen und zu erheben pflegt, zukommen

H 3   lasse;

laſſe; wobey wir ihnen andeuten, daß das⸗
jenige, was man ihm auf dieſe Weiſe geben
und bezahlen wird, nicht in ihrer Rechnung
wird angenommen werden. Ueberdies wol⸗
len wir, daß ein ſolcher Beamter in die
Strafe von 20000 Maravedis falle, welche
wir alsbald zum Dienſt der heil. Inquiſition
anwenden wollen. Sollte derjenige, der einen
ſolchen Kaufhandel und Gewerbe treibt oder
treiben läßt, Einnehmer ſeyn, ſo befehlen
wir dem Inquiſiter oder den Inquiſiteren
jedes Amts unter beſagter Strafe und der
Strafe des Kirchenbanns, daß ſie ihn des
Einnehmeramts verluſtig erklären, und daß
ſie ihn nicht mit einigen eingezogenen und zu
ſeinem Amt gehörenden Güter unterſtützen,
noch erlauben ihn zu unterſtützen, und daß
ſie es uns zu wiſſen thun, damit wir einen
andern an ſeine Stelle ſetzen. Und da wir
wollen und es unſer Wille iſt, daß alles
obenbeſagtes vollkommen gehalten werde, ſo
befehlen wir unter der Strafe des Kirchen⸗
banns und Entſetzung der Aemter allen und
jeden Beamten der heil. Inquiſition, die er⸗
fahren, daß einiges von obenbeſagtem vor⸗
geht und gegen dieſes unſer Edict und Ver⸗
ordnung gehandelt wird, daß ſie innerhalb
den erſten vierzehn Tagen, von der Zeit an
gerechnet, als es ihnen bekannt wird, welche

vier⸗

vierzehn Tage wir ihnen für den ganzen gerichtlichen Zeitraum und peremtorischen Termin geben und bestimmen, es uns wissen lassen, damit wir darin das Nöthige verfügen können. Widrigenfalls, wenn besagter Zeitraum verstrichen ist, so sprechen und verkündigen wir ein für allemal (canonica monitione præmissa) das Urtheil des Kirchenbannes über alle diejenigen, welche gegen diesen Befehl ungehorsam und widerspenstig gewesen sind. Und damit keiner sich mit Unwissenheit des obengesagten entschuldigen könne, so befehlen wir, daß dieses unser Edict und Verordnung, oder ihre authentische Abschrift, in einer jeden Inquisition besagter Reiche und Herrschaften vor allen Beamten derselben vorgelesen und bekannt gemacht werde, und, nachdem es vorgelesen und vollführt worden ist, sollen sie es in das Archiv zu den andern Urkunden und Verordnungen, die von uns und unsern Vorfahren in diesem heil. Amt gegeben worden, legen.

Gegeben in der Stadt Medina del Campo am 15ten Tage des Monaths November im Jahre 1504.

Instructionen für den Richter der Güter.

Art. I.
Vom Prior in Sevilla im Jahre 1485.

Desgleichen, da Ihro Hoheiten nicht für gut halten, denen vom Glauben abgefallenen Ketzern, die außer der Gnadenzeit zu Gnaden aufgenommen, und während derselben sich nicht zur Wiederversöhnung vor die Inquisitoren gestellt haben, ihre Güter zu schenken und Hochstdenenselben alle die Güter der Verurtheilten und wieder zu Gnaden aufgenommenen Ketzer, von dem Tage an, als sie besagtes Verbrechen begangen, so wie es die Gesetze fordern, zugehören, auch der Fiscus Ihro Hoheiten die Güter, welche solche verkauft oder auf irgend eine Art veräußert haben, fordern, und die Schulden, welche solche durch irgend eine Verschreibung gemacht hätten, zu bezahlen sich entziehen könnte, ausgenommen, wenn anstatt solcher Verkäufe und Veräußerungen oder Verschreibungen, der Werth oder etwas anders, welches den Gütern solcher Ketzer gleich käme, sich zeigte oder fände: so wollen doch Ihro Hoheiten, Gnade und Gelindigkeit gegen ihre Unterthanen erweisen, und damit diejenigen, welche

auf

auf Treue und Glauben einen Vertrag mit
solchen Ketzern geschlossen haben, nicht ver=
vortheilt werden, so befehlen sie, unerachtet
es nach dem Gesetz anders gehalten werden
könnte, daß alle die Verkäufe, Schenkun=
gen, Tausch und jede andere Verträge, die
besagte Ketzer vor Antritt des Jahres 1479.
geschlossen haben, sie mögen verurtheilt oder
wieder zu Gnaden aufgenommen seyn, gültig
und kräftig seyn sollen, wenn es nur recht=
mäßig, mit glaubwürdigen Zeugen oder
durch Originalschriften, die ächt und nicht
unterschoben sind, erwiesen wird. Dem zu
Folge, wenn eine Person zum Nachtheil des
Fiscus in einen Vertrag, er mag seyn, welcher
er will, sich einer Erdichtung oder List zu
Schulden kommen läßt, oder Theilnehmer
besagter List und in geheimen Verständniß
mit einem solchen ist, so sollen sie, wenn es
ein wieder zu Gnaden Aufgenommener ist,
ihm hundert Streiche mit der Ruthe geben
und ihn im Gesicht brandmarken; sollte es
aber einer seyn, der nicht zu Gnaden aufge=
nommen ist, (wenn er auch ein Christ) so
soll er alle seine Güter und das Amt oder die
Aemter, die er hat, verlohren haben, und
seine Person dem Willen Ihrer Hoheiten
überlassen seyn. Sie befehlen ferner, daß
dieser Artikel an allen den Orten, wo Inqui=

H 5 sition

sition ist, öffentlich durch einen Herold bekannt gemacht werde, damit sich keiner mit Unwissenheit entschuldigen könne.

Art. 2.

Desgleichen, wenn ein Ritter, der die Ketzer, die in ihr Gebiet aus Furcht vor der Inquisition aus den Königlichen Städten, Flecken und Ortschaften geflohen sind oder fliehen möchten, aufgenommen hat oder aufnehmen würde, irgend einige Schuldforderung macht, unter dem Vorwande, daß solche Ketzer, die in sein Gebiet geflohen sind oder nicht, ihm schuldig seyn; so soll der Einnehmer besagte Schulden ihm nicht bezahlen, noch der Richter der eingezogenen Güter Befehl geben, das Geld dafür zu erlegen, bis die Ritter alles das, was die sogenannten Bekehrten, (conversos) welche sie aufnahmen, bey sich geführt haben, ersetzen, weil es gewiß ist, daß das Ihren Hoheiten zugehörte und zugehört, und wenn wegen dieser Schulden ein Gesuch an den Prokurator-Fiscal ergeben sollte, so soll besagter Prokurator die Summe in Gegenrechnung bringen, zu der ungefehr der Ritter verbunden ist, der seine Schuld fordert, der aber schwören soll, daß er es nicht in böser Absicht fordert.

Art.

Art. 3.

Ferner,*) den Einnehmern soll von allen Urtheilen, welche die Richter der Güter auf diese Weise gefällt haben, eine Anzeige gemacht werden, und eben so von den sequestrirten Gütern durch den Sequestrations-Schreiber; auch soll der Richter über die Güter für sich selbst ein Buch halten, worin er alle die Urtheile, welche er fällt, und den Tag, an welchem er sie spricht, und den Betrag eines jeden derselben, schriftlich eintragen soll. Zu dem Ende soll ein jeder von ihnen besonders einen Eid in die Hände der Inquisitoren ablegen, und eben so soll auch der Notarius des Gerichts, wo über die Güter geurtheilt wird, schwören. Dieser soll von den Urtheilen, die der Richter giebt, eine Anzeige und Verzeichniß verfertigen und es dem Notarius der sequestrirten Güter übergeben, und zu der Zeit, wenn die Einnehmer kommen, ihre Rechnung vorzulegen, sollen die Richter über die Güter ihre Memorialbücher geschlossen und versiegelt dem Sequestrations-Schreiber geben, damit er sie seinen Büchern beylege.

*) S. Seite 90. Art. 8.

Edict und Schreiben
des Raths, wegen der Güter, die an Kirchen steuerfällig sind.

Ich Alonso Fernandez de Mojados, Secretair des Raths, der Königinn, unserer Frau, und Königlicher Einnehmer der von der heil. Inquisition in dem Bisthum zu Cartagena eingezogenen Güter, bezeuge, daß ich als Einnehmer der eingezogenen Güter zu Avila und Segovia wegen gewisser Sachen, die mein Amt als Einnehmer betreffen, die Herren des Raths der heil. Inquisition, die dazumal waren, wegen verschiedener Gegenstände befragte, unter andern, daß die Kirche von Avila gewisse eingezogene Sachen mit ihren Verbesserungen aus dem Grunde begehre, daß sie von ihnen einen gewissen Erbzins zu erheben habe. Auf dieses gaben sie mir einen Artikel folgenden Inhalts zur Antwort:

Was die Sachen betrift, von denen ihr saget, daß sie in dieser Stadt Avila der Kirche steuerfällig sind, (obgleich um eine geringe Summe) und daß diejenige, die sie besäßen, große Verbesserungen sollen gemacht haben; so wisset ihr wohl den gewöhnlichen

Ge=

Gebrauch, der beobachtet worden ist, nemlich: wie das Gesetz vorschreibt, daß wenn es Verträge auf Erbzins sind, sie auf die Lebenszeit einer, oder zwey und drey Personen oder auf ewig sind, wenn sie solche Bedingungen enthalten, die dem Vertrag auf Erbzins eigen sind, nemlich: daß sie sie nicht verkaufen oder veräußern können, ohne zuerst die Kirche zu fragen, und wenn diese ihre Einwillung geben, daß sie einen gewissen Theil des Werths, den sie dafür geben, entweder den zehnten oder den zwanzigsten Theil erheben, und wenn sie nach zwey oder drey Jahren aufhören zu bezahlen, daß es in Commissum fällt; diese Bedingungen, wenn sie gleich im Vertrag festgesetzt sind, welcher sagt, daß es sich auf immerwährende Steuer bezieht, sind blos zu verstehen von Erbzins, und wenn die Kirche oder Kirchen sie innerhalb der zwey Jahren, von der Zeit an, da sie eingezogen worden, bis zu der Zeit, wo einer als Ketzer erklärt wird, verlangen oder fordern, so soll es mit allen seinen Verbesserungen der Kirche gegeben werden; weil, wenn die Bedingungen so abgefaßt worden, es scheint, daß die Kirche das Dominium directum hat und derjenige, der sie besitzt, den Nutzen zieht, und diesen Nutzen an das directum Dominium

nium zurückfällt, wenn der Herr, nemlich
die Kirche, es verlangt oder fordert. Aber,
wenn der Contract sagt, daß es auf immerwährenden Zins, auf immer und ewig gegeben wird, und daß er es verkaufen und
veräußern könne ꝛc. (doch mit dem Bedinge,
daß er jedes Jahr eine gewisse Summe be-
zahle, unter der Strafe, sie doppelt zu
erlegen) und keine andere Bedingung hin-
zufügt; alsdenn gehört es dem Fiscus und
die Kirche kann nicht darauf Anspruch machen, da so wohl der Nutzen als das Dominium directum auf einen andern über-
gieng und ihr nichts blieb, ausgenommen
diejenige Auflage, die sie zu heben hat.
So ist es gehalten und beobachtet worden
in ähnlichen Fällen, die in der Inquisition
vorgekommen sind. Unser Herr und Heiland segne Eure Würde und Person.

Aus Barcelona, den 13ten Febr.

An diejenigen, denen ihr es befehlen werdet.

Der Dechant von Toledo, M. Doctor
Alonso Hernandez de Mojados.

Schrei-

Schreiben

des Raths, wegen der von dem Jahr 1479 veräußerten Güter.*)

Ehrbarer Herr Einnehmer : : : : hier ist ein Befehl und Schluß Ihrer Hoheiten über die Güter eingelaufen, welche einige Personen, unter verschiedenem Vorwande, von denen, welche wegen Ketzerey, so wohl in ihrer Gegenwart als auch in ihrer Abwesenheit oder nach ihrem Tode, verurtheilt worden, gehabt haben; Ihro Hoheiten befehlen, daß alle Arten von Gütern, die ihr in den Händen eines dritten Besitzers findet, es seyn bewegliche oder unbewegliche, welche von solchen Verurtheilten, vor Verfluß des Jahres 1479, veräußert worden, und die sie theils unter dem Titel des Kaufs, theils des Tausches, Wechsels, Heyrathsguts, Brautgeschenks oder unter irgend einem andern besondern und einzeln Titel haben, daß ihr diese nicht fraget, im Gericht noch außer demselben, sondern euch vielmehr unterrichtet, welche Güter es sind, die jeder besitzt, von welchem Belang und wer die Person, die ein solches besitzt, ob irgend ein

Be-

---

*) S. Seite 121. Art. 17.

Betrug oder List dabey ist, und andere Eigenschaften und Umstände, die etwa dabey seyn möchten. Ihr habt es uns daher zu wissen zu thun, damit wir sehen, ob sie sollen gefragt werden oder nicht, und so schreiben wir es euch und hierin soll es nicht anders gehalten werden, denn also wollen und befehlen es Ihro Hoheiten, und in ihrem Namen thun wir es euch kund und gebieten es euch.

Unser Herr und Heiland segne Euren Stand und Würde.

Von Alcala-Real den 27ten May 1591.

An diejenigen, denen ihr es befehlen werdet.

Der Dechant von Toledo, M. Doctor. Philippus, Doctor.

> Es war überschrieben: dem Ehrbaren Herrn Anton de Gamarra, Einnehmer der heil. Inquisition zu Toledo.

Diese Abschrift ist genommen von einer andern Abschrift, die von Franciscus Hernandez de Oseguera, öffentlichen Schreiber zu Toledo unterzeichnet ist; vorgelegt in einem Proceß zwischen dem Königlichen Fiscus und Johann Nieto, Inwohner von Puebla de Montalvan.

In=

Instructionen für den Rechnungsführer und General-Einnehmer.

Art. 1.
Vom Cardinal Don Fr. Franciscus Ximenez zu Madrid im Jahre 1516.

Erstlich, weil die Einnehmer des heiligen Amts der Inquisition sagen, daß sie viele zweifelhafte Sachen haben, mit welchen sie nicht fertig werden zu können versichern, und wegen anderer Beschwerden, die sie dabey machen, so befehlen Ihro Hochwürden, daß von nun an der General-Rechnungsführer zu einer jeden Inquisition insbesondere gehen soll, die Rechnung abzunehmen; und um sie zu endigen, zu schließen, seine Meinung zu geben, und wenn sie einige Zweifel haben, sie zu erläutern, so soll besagter Rechnungsführer und Einnehmer mit dem Sequestrations-Schreiber in den Rath kommen, um es abzumachen und die Quitung zu geben. Obengemeldetes soll jährlich gehalten werden.

Art. 2.
Ingleichen befehlen Ihro Hochwürden, daß der Rechnungsführer keine Geschäfte des Einnehmers verwalten, sondern blos Rechnungsführer seyn soll, und daß eine Person zum General-Einnehmer erwählt werde.

Der

Der Rechnungsführer soll eine Besoldung von 60000 Maravedis haben und seinen Nebengehülfen; der General-Einnehmer 40000 Maravedis, und wenn er etwas mehr arbeiten sollte, so soll es ihm vergütet werden. Dieser Einnehmer soll seine Wohnung im Versammlungshaus des Raths haben.

Art. 3.

Desgleichen,*) daß dem Rechnungsführer und den Personen, welche den Einnehmern die Rechnungen abnehmen, befohlen werde, daß sie ihnen auftragen sollen, die Verwaltung der Güter vorzulegen, von welchen sie sagen, daß sie bey ihrer Zeit nicht eingezogen worden sind, und wenn sie keine Verwaltung vorlegen, die sie von Nachläßigkeit freyspricht, so soll es ihnen zur Last fallen.

Art. 4.

Desgleichen, weil jetzo ein General-Rechnungsführer und General-Einnehmer angestellt sind, so soll der Rechnungsführer verbunden seyn, jährlich zu einer jeden Inquisition zu gehen, um die Rechnung den Einnehmern abzunehmen; hernach soll um sie zu endigen und zu schließen, besagter Rechnungsführer und

*) S. Seite 92. Art. 12.

und die Einnehmer mit den Sequestrations=
Schreibern hieher vor den Rath kommen, da=
mit alsdenn die Zweifel, wenn es einige giebt,
entschieden, die Rechnung geschlossen und der
Quitungsschein gegeben werde.

Art. 5.

Desgleichen soll der General=Einnehmer
verpflichtet seyn, von allen Einnehmern allen
Vorrath von Maravedis die sie eingenom=
men haben, einzuziehen, so wohl von ein=
gezogenen Gütern als von Strafen, Buß=
geldern, oder von andern außerordentlichen
Fällen, welche besagte Einnehmer, auf welche
Art es immer sey, erheben, und die zum
Amte der heil. Inquisition gehören, und ihm
durch den General=Rechnungsführer oder
irgend einen andern Beamten, welchen es
zukommt, gegeben und überliefert werden.
Besagter General=Einnehmer soll verbunden
seyn, innerhalb eines Jahrs gemeldete Rech=
nungen und alle die außerordentlichen Fälle,
welche durch besagten Rechnungsführer oder
auf irgend eine andere Art ihm aufgetragen
werden, abzunehmen oder die Verwaltung
vorlegen, die ihn von Nachlässigkeit frey=
spricht, innerhalb besagten Jahresfrist.

Die Instructionen, welche den Termin des Urtheils betreffen.

Art. 1.
Vom Bischof zu Palencia in Medina del Campo im Jahre 1504. *)

Ferner, den Einnehmern soll von allen Urtheilen, welche die Richter der Güter auf diese Weise gefällt haben, eine Anzeige gemacht werden, und eben so von den sequestrirten Gütern durch den Sequestrations-Schreiber, auch soll der Richter über die Güter, für sich selbst ein Buch halten, worin er alle die Urtheile, welche er fällt, und den Tag, an welchem er sie spricht, und den Betrag eines jeden derselben schriftlich eintragen. Zu dem Ende soll ein jeder von ihnen besonders einen Eid in die Hände der Inquisitoren ablegen, und eben so soll auch der Notarius des Gerichts, wo über die Güter geurtheilt wird, schwören. Dieser soll von den Urtheilen, die der Richter giebt, eine Anzeige und Verzeichniß verfertigen und es dem Notarius der sequestrirten Güter übergeben, und zu der Zeit, wenn die Einnehmer kommen, ihre Rechnungen vorzulegen, sollen die Richter über die Güter ihre Memorialbücher geschlossen und versiegelt dem Sequestrations-Schreiber geben, damit er sie seinen Büchern beylege.

Edict

---
*) S. Seite 90. Art. 8. u. S. 123. Art. 3.

Edict

des catholischen Königs und der Königinn, daß diejenigen, die in der Gnadenzeit wieder zu Gnaden aufgenommen worden sind, ihre Güter nicht verlieren sollen.

Don Fernando und Donna Ysabel, von Gottes Gnaden König und Königinn von Castilien, Leon, Arragon, Sicilien, Toledo, Valencia, Galicien, Mallorca, Sevilla, Cerdaigna, Cordova, Corcega, Murcia, Jaen, Algarve, Algesiras, Gibraltar, Grafen und Gräfinn von Barcelona, Herrn von Vizcaya und Molina, Herzogen von Athen und Levanto, Grafen von Roussillon und Cerdaigne, Marquis von Oristan und Gocian. Allen von unserm Rath und Mitgliedern unsers Gerichts, den Alcalden, Notarien, Gerichtsbedienten und andern Richtern und jeden Beamten unsers Hauses, Hofes und Canzley, und allen Räthen, Corregidoren, Assistenten, Alcalden, Alguazilen, Regidoren, Rittern, Edeln, Beamten und guten Leuten aller Städte, Flecken und Orten unserer Reiche und Herrschaften, so wohl denen die es gegenwärtig sind, als auch denen, die es in Zukunft seyn werden, und einem jeden von euch insbesondere, welchem dieser unser Befehl, oder die von einem öffentl. Schreiber unterzeichnete Abschrift zu Gesicht kommt, Gruß und Gnade. Ihr wisset wohl, wie unser heil. Vater dem allgemeinen Verderben, das in unsern Reichen von wegen der Ketzerey und Abfalls vom Glauben obwaltete, zu steuren und zu wehren wünschte, und Bullen und Edict: geben ließ und gegeben hat, um eine General-Inquisition in diesen unsern Reichen gegen die Bekehrten, die unter dem Namen eines Christen, jüdische Irrthümer hatten, und von unserm heil. catholischen Glauben abfielen, zu großer Schmach unsers Herrn und Erlösers Jesu Christi und seiner gebenedeyeten Mutter; Kraft welcher Bullen man angefangen hat, gegen besagte Ketzerey und Abfall vom Glauben, gemeldete Inquisition in diesen unsern Reichen zu halten, noch hält und halten wird. Und da wir unterrichtet worden sind, daß viele von so genannten Bekehrten, Männer so wohl als Frauen, da sie das große Verderben und die Verdammniß ihrer Gewissen, und die Blindheit, in welcher sie vorher waren, ehe besagte Inquisition zu halten angefangen worden ist, sehen, und wünschten zu

unserm

unserm heil. catholischen Glauben umzukehren, durch dessen eifrige Annahme sie seelig werden sollen, gekommen sind, sich zu Gnaden aufnehmen zu lassen und ihre Verbrechen und Irrthümer vor den andächtigen Vätern Inquisitoren, die in den Städten und Kirchsprengeln, wo solche Bekehrte wohnen, sich während der von den Inquisitoren angewiesene Gnadenzeit aufhielten, zu bekennen. Da es nun billig ist, daß mehr Gnade und Mitleiden, solchen als andern bewiesen werde, und wir nicht mit obengemeldeten so verfahren wissen wollen; so befehlen wir durch Gegenwärtiges unsern Einnehmern der Güter, die uns und unserer Cammer und Fiscus, wegen besagten Verbrechens der Ketzerey und Abfalls vom Glauben aus allen gemeldeten Städten und Kirchsprengeln, genannter unserer Reiche und Herrschaften, gehören, daß wenn es erwiesen ist, durch Zeugnisse, die von besagten Vätern, Inquisitoren und Notarien solcher Inquisitionen bestätiget sind, wie besagte Bekehrte oder einige derselben sich vor den Inquisitoren, die jetzo in einigen Städten sind, stellten oder denen, die in andern Städten und Kirchsprengeln, wo besagte Inquisition nicht ist, in Zukunft sind und gesetzt werden, vorstellen, und vor ihnen bekennen und ihr Verbrechen, Vergehungen und Irrthümer, innerhalb

halb der besagten Gnadenzeit entdecken, und durch die Inquisitoren wieder zu Gnaden aufgenommen werden; daß sie solchen, weder ihre bewegliche noch unbewegliche Güter nehmen, sequestriren oder vorenthalten sollen, sondern sie sollen sie ihnen lassen und ihnen erlauben, sie zu genießen und als ihr Eigenthum zu besitzen, wenn und wie sie vor besagter ihrer Wiederversöhnung es thun konnten und mußten. So soll es geschehen, und durch Gegenwärtiges schenken wir ihnen die Güter, und nehmen solche Bekehrte und die in der Gnadenzeit wieder zu Gnaden aufgenommene, Männer so wohl als Frauen, und ihre Güter in unsern Königl. Schutz und Obhut. Wir befehlen ferner besagten unsern Einnehmern, die es gegenwärtig sind, und es in Zukunft seyn werden, daß, wenn sie einige Güter von solchen Bekehrten und innerhalb der Gnadenzeit wieder zu Gnaden Aufgenommenen, genommen oder sequestrirt haben oder in Zukunft nehmen und sequestriren werden, so sollen sie dieselbigen ihren Eigenthümern, denen sie zugehörten, frey und ungehindert nach dem Inventarium, so wie sie sie eingezogen haben und einziehen werden, zurückgeben und zustellen, wenn es, wie gesagt, durch beglaubigte Zeugnisse der Inquisitoren und Notarien der Inquisition erwiesen ist, daß sie
gänz=

gänzlich und innerhalb der Gnadenzeit besagte
Verbrechen und Irrthümer angegeben haben
und wieder zu Gnaden aufgenommen worden
sind. Und damit obengemeldetes vollkommen
erfüllt werde und niemand sich mit einer Unwissenheit entschuldigen könne, so ersuchen wir
und gebieten den in Christo hochwürdigen
Vätern, Erzbischöfen und Bischöfen der Kirchen unserer Reiche und Herrschaften, und den
ehrwürdigen Dechanten und Capiteln, und
befehlen euch unsern Gerichten, daß ihr diesen
unsern Brief oder dessen auf bemeldete Art
unterzeichnete Abschrift öffentlich bekannt machen und ausrufen lasset. Ihr hochwürdige
Väter in Christo, Erzbischöfe und Bischöfe
und andere geistliche Personen in euren Kirchen und Kirchsprengeln, und ihr unserer
Gerichte, sollet es durch einen Herold und in
Gegenwart eines öffentlichen Schreibers an
den öffentlichen Orten und auf den Markt-
plätzen und andern gewöhnlichen Orten dieser
Städte, Flecken und Ortschaften allen bekannt
machen, damit keiner eine Unwissenheit vor-
wenden könne. Und wenn gewisse unserer
Einnehmer gegen den Inhalt und Vorschrift
dieses unsers Schreibens, dergleichen Güter
solcher Bekehrten und in besagter Gnadenzeit
zu Gnaden Aufgenommenen, einziehen oder
sequestriren, oder einziehen oder sequestriren

J 5   woll-

wollten, die in der Gnadenzeit wieder aufge=
nommen worden sind und nachher keine andere
Verbrechen und Irrthümer begangen haben,
so sollt ihr nicht darin willigen noch erlauben,
vielmehr in allen Stücken unser Schreiben
und alles das, was darin enthalten ist, beob=
achten und erfüllen, und weder die einen noch
die andern dargegen handeln, unter der Strafe
des Verlusts unserer Gnade und 20000 Ma=
ravedis in unsere Cammer für den, der das
Gegentheil thut.   Und unter besagter Strafe
befehlen wir einem jeden öffentlichen Schrei=
ber, der dazu berufen ist, daß er, nachdem
er es bekannt gemacht hat, ein Zeugniß mit
seinem Siegel bestätigt, gebe, damit wir wis=
sen, wie fern man unsern Befehl erfüllt hat.

Gegeben in der Stadt Cordova am 21ten
Tage des Monaths Merz, im Jahre der
Geburt unsers Heilandes Jesu Christi
1487. Ich der König, Ich die Königinn.
  Ich Johann de Coloma, Secretair
des Königs und der Königinn, unserer
Herren, habe es auf ihren Befehl schrift=
lich aufgesetzt.

Fidem nemo perdit, nisi qui non habet.

Sammlung der Instructionen des Amts der heiligen Inquisition, aufgesetzt zu Toledo im Jahre 1561.

Wir Don Ferdinand de Valles, durch Gottes Barmherzigkeit Erzbischof zu Sevilla, apostolischer General-Inquisitor gegen die Ketzerey und Abfall vom Glauben, in allen Königreichen und Herrschaften Sr. Majestät ꝛc. Thun Euch, den hochwürdigen apostolischen Inquisitoren gegen die Ketzerey und Abfall vom Glauben in allen besagten Reichen und Herrschaften, zu wissen, daß wir berichtet worden sind, wie, unerachtet der durch die Instructionen des Amts der heil. Inquisition getroffenen Maasregeln und Einrichtungen, daß in allen Inquisitionen einerley Form und Art des Verfahrens solle gehalten und beobachtet werden, solches doch in einigen Inquisitionen nicht gehörig beobachtet werde. Damit also von nun an in gemeldeter Art des Verfahrens keine Verschiedenheit sey, so wurde nach vielen Verhandlungen und Unterredungen in dem Rathe der General-Inquisition beschlossen, daß in allen Inquisitionen folgende Ordnung sollte beobachtet werden.

Art.

Art. 1.

Wenn die Inquisitoren versammlet sind, die Zeugenaussagen, welche bey einer Visitation oder auf eine andere Weise vorkommen, oder die man aus irgend einer andern Ursache erhalten hat, durchzusehen; und sich einige Personen finden, die hinlänglich von der Sache unterrichtet sind, deren Erkenntniß für das heil. Amt der Inquisition gehört und Untersuchung erfordert; so sollen sie gelehrte und gewissenhafte Theologen, welche die dazu erforderlichen Eigenschaften haben, zu Rathe ziehen; und diese sollen ihr Gutachten geben, und es mit ihrem Namen unterschreiben.

Art. 2.

So bald die Inquisitoren nach dem Gutachten der Theologen, überzeugt sind, daß es eine Glaubenssache, oder eine erweißliche Ceremonie von Juden oder Mauren, eine Ketzerey oder eine offenbare und unbezweifelte Hinneigung dazu ist, so soll der Fiscal seine Denunciation gegen eine solche Person oder Personen machen, und bitten, daß sie gefänglich eingezogen werden, indem er gedachtes Zeugniß und Untersuchung vorlegt.

Art.

Art. 3.

Nach gemeinschaftlicher Einsicht der Inquisitionsacten sollen die Inquisitoren, wenn beyde gegenwärtig sind, den Verhaft beschliessen; und damit dieses noch mehr gerechtfertiget werde, so sollen sie mit den Rechtsgelehrten dieser Inquisition, wenn es füglich geschehen kann und die Inquisitoren es für zuträglich und nothwendig halten, sich besprechen, und das, was beschlossen worden ist, als gerichtlichen Ausspruch niederschreiben.

Art. 4.

Im Fall, daß irgend eine Person wegen Verbrechens der Ketzerey von Zeugen angegeben ist, und das Zeugniß nicht zum Verhaft hinreicht, so soll die Person nicht vorgefordert oder verhört oder sonst etwas mit ihr vorgenommen werden; denn es ist aus Erfahrung bekannt, daß einer nicht bekennen darf, daß er Ketzer sey, so lange er in Freyheit ist, und solche Verhöre mehr dazu dienen, diejenigen, die von Zeugen angegeben sind, zu warnen, als zu irgend einem andern guten Endzweck. Es ist also besser zu warten, bis noch mehr Beweise oder neue Anzeigen hinzukommen.

Art.

Art. 5.

Wenn die Inquisitoren den Verhaft einmüthig erkannt haben, so sollen sie befehlen, ihn so auszuführen, wie es beschlossen worden ist, und im Fall, daß die Sache so beschaffen ist, daß Personen vom Stande dadurch angegriffen würden oder andere Umstände einträten, so sollen sie vorher, ehe sie ihr Gutachten ausführen, den Rath darüber befragen. Sollten aber die Stimmen verschieden seyn, so soll es an den Rath remittirt werden, damit man erforderliche Maasregeln nehmen könne.

Art. 6.

Den Befehl zur Verhaftnehmung sollen die Inquisitoren unterschreiben und dieser soll für den Alguazil des heil. Amts und für keinen andern gegeben werden, wenn jener nicht zu der Zeit rechtmäßiger Weise beschäftiget ist. Der Verhaft soll mit der Sequestration der Güter verbunden seyn, dem Recht und den Instructionen des heiligen Amts gemäß. In einem Verhaftnehmungs=Befehl soll nicht mehr als eine Person gesetzt werden, damit, wenn es nöthig seyn sollte mit irgend einer Person, die nicht zum heil. Amt. gehört, zu communiciren, die übrigen geheim bleiben, und damit sie bey einem jeden Proceß ihren Befehl geben können.

Die

Die Sequestration der Güter soll geschehen, wenn der Verhaft wegen förmlicher Ketzerey ergeht, und in keinen andern Fällen, wo die Inquisitionen in Verhaft setzen können. Bey dieser Sequestration sollen blos die Güter angesetzt werden, die sich in dem Besitz derjenigen Person befinden, die in Verhaft gezogen werden soll, nicht aber die, die in den Händen eines dritten Besitzers sind. In den Proceßacten soll der Ausspruch gesetzt werden, worin befohlen wird, den Schuldigen gefänglich einzuziehen; der Tag, an welchem der Befehl ausgestellt worden, und an wen der Schuldige übergeben worden ist.

Art. 7.

Bey den Verhaftnehmungen, die bey der Inquisition geschehen, soll der Einnehmer der Inquisition, oder derjenige, der seine Stelle vertritt, wenn Er mit andern Geschäften seines Amts eben beschäftiget ist, mit dem Alguazil und dem geheimen Schreiber gegenwärtig seyn, damit der Einnehmer dem Sequestrator der Güter, welchen der Alguazil ernennen wird, genehmige, oder, wenn er es nicht thut, einen andern verlangen könne, der hinlängliche Bürgschaft leisten kann.

Art.

Art. 8.

Der Sequestrations=Schreiber soll alle sequestrirte Sachen umständlich und im größten Detail aufschreiben, damit, wenn auf Befehl des Einnehmers die Güter in Beschlag genommen oder die Sequestration vollzogen wird, man eine gewisse und zuverläßige Rechnung davon nehmen könne. Es soll darin oben der Tag, Monath und Jahr gesetzt werden, und unten sollen derjenige oder diejenigen, so sequestriren, gemeinschaftlich mit dem Alguazil sich unterschreiben, mit beygefügten Zeugen und hinlänglicher Bürgschaft des Sequestrators. Von dieser Sequestrations=Schrift soll gemeldter Schreiber eine einfache Abschrift demjenigen, der sequestrirt, ohnentgeldlich geben, denn dieses gehört zu seinem Amt und Pflicht; sollte aber eine andere Person, außer dem Einnehmer, eine Abschrift verlangen, so soll er nicht verbunden seyn, sie ohne erlegte Gebühr zu geben.

Art. 9.

Der Alguazil soll von den sequestrirten Gütern so viel Geld nehmen, als er nach seinem Gutdünken nöthig findet um den Gefangenen zu transportiren, bis er in das Gefängniß gelegt ist, und außerdem noch
sechs

sechs oder acht Ducaten für den Unterhalt des Gefangenen: Er soll für den Gefangenen nicht mehr als das, was er für seine Person verzehret, und was das Thier, worauf er gebracht wird, kostet, nebst seinem Bette und Kleide rechnen. Sollte er unter den eingezogenen Gütern kein Geld finden, so soll er von dem, was am wenigsten nachtheilig ist, bis zu besagter Summe verkaufen, und die daraus erhaltene Summe am Ende des Sequestrations-Befehls verfügen; das übrige soll er dem Speisemeister der Gefangenen in Gegenwart des geheimen Schreibers übergeben, der es bey gemeldetem Befehl anzumerken hat. Von diesem soll den Inquisitoren Bericht erstattet werden, und das, was dem Speisemeister zukommt, soll der Alguazil ihm in Gegenwart der Inquisition geben.

Art. 10.

Wenn der Schuldige in Verhaft genommen ist, so soll der Alguazil ihn in solche Verwahrung legen, daß niemand ihn weder sehen noch sprechen, weder schriftlich noch mündlich ihm Nachricht geben kann; eben so soll er es mit den Gefangenen halten, wenn er viele einzieht, daß er keinen mit dem andern reden lasse, ausgenommen, wenn die

Inquisitoren ihn bedeuten lassen, daß aus ihrer Gemeinschaft kein Nachtheil entstehen werde, wobey die darüber gegebene Verordnung zu beobachten ist. Er soll ihnen weder Waffen noch Geld, weder Schreibsachen, noch Papier, noch Kleinodien, von Gold oder Silber lassen. Mit dieser Sorgfalt soll er die Gefangenen in das Gefängniß der heil. Inquisition bringen und dem Alcaide übergeben, welcher die Verhaftsbefehle, die der Alguazil bekam, um die Schuldigen einzuziehen, unterschreiben und anmerken soll, wie er sie bekam, nebst Tag und Stunde, zur Berechnung des Unterhalts; und der Befehl soll in den Proceß eingerückt werden. Der Alguazil soll alsobald den Inquisitoren wegen Vollführung der Befehle Rechenschaft ablegen. Eben diese Vorsorge soll der Alcaide bey einem jeden Gefangenen anwenden, daß er vorher, ehe er ihm seine Wohnung anweist, alle seine Kleider genau durchsuche und besichtige, damit er nicht etwas von oben genannten Sachen oder sonst etwas schädliches ins Gefängniß hineinlasse; und es soll einer von den Notarien des Amts dabey gegenwärtig seyn. Dasjenige aber, was man bey den Gefangenen finden sollte, soll unter die eingezogenen Güter dieses Gefangenen aufgezeichnet und den Inquisitoren davon

Nach-

Nachricht gegeben werden, damit sie es bey irgend einer Person hinterlegen.

Art. 11.

Der Alcaide soll besagte Gefangene nicht zusammen kommen, oder einen mit dem andern sich unterreden lassen, außer, wenn die Inquisitoren ihm deswegen einen Befehl ertheilen; und dieses soll er genau beobachten.

Art. 12.

Ferner soll der Alcaide ein Buch in dem Gefängniß halten, worin er das Bettzeug und die Kleider, welche ein jeder der Gefangenen trägt, aufzeichnet, und er und der Sequestrations = Schreiber sollen jedesmal ihren Namen unterschreiben. Auf eben diese Art soll er es auch mit den andern Sachen, welche er während des Verhafts empfängt, halten. Ehe er sie aber in Empfang nimmt, soll er bey den Inquisitoren davon Nachricht geben, es mögen Eßwaaren oder andere Sachen seyn, und auf ihre Erlaubniß, nachdem es besichtiget und untersuchet worden, ob es nicht irgend eine Nachricht enthalte, soll er es in Empfang nehmen und den Gefangenen geben, wenn es Sachen sind, die sie bedürfen, aber auf keine andere Weise.

Art. 13.

Ist der Gefangengenommene in das Gefängniß gelegt, so sollen die Inquisitoren, wenn es ihnen gefällt, Befehl ertheilen, ihn sich und einem geheimen Notarius vorstellen zu lassen, und ihn, nach vorhergegangenem Eide, nach seinem Namen, Alter, Amt, Ort des Aufenthalts und wie lange es sey, daß er in Gefangenschaft kam, fragen. Die Inquisitoren sollen sich gegen die Gefangenen liebreich betragen, sie ihrem Stande gemäß, behandlen, den gehörigen Wohlstand gegen sie beobachten, und keine Veranlassung geben, sie in Furcht zu setzen. Die Gefangenen pflegen sich auf eine Bank oder auf einen niedrigen Stuhl zu setzen, damit sie mit mehr Aufmerksamkeit ihre Sache verhandlen können, wiewohl sie zu der Zeit, da die Anklage geschieht, stehen müssen.

Art. 14.

Darauf soll ihnen befohlen werden, daß sie ihre Herkunft so weitläufig als es seyn kann, angeben, von den Eltern und Großeltern an, nebst allen Nebenlinien, so weit ihr Gedächtniß reicht; ihre Aemter und Oerter, wo sie sich aufgehalten; mit wem sie verheyrathet waren; ob sie noch am Leben oder gestorben sind, auch sollen sie die Kinder, welche ihre Voreltern und Verwandte hinterlassen, angeben. Desgleichen, mit wem sie selbst verheyrathet sind oder gewesen sind, wie oft dieses geschehen, und die Kinder, welche sie gehabt haben und noch haben, und in welchem Alter diese seyn. Der Notarius soll die Genealogie in die Proceßacten eintragen, jede Person zu Anfang einer Linie setzen, und dabey anmerken, ob irgend einer von ihren Voreltern oder von ihrer Verwandschaft gefangen gewesen oder ihm durch die Inquisition Bußübungen auferlegt worden.

Art. 15.

Wenn dieses geschehen ist, soll der Beklagte gefragt werden, wo und bey welchen Personen er erzogen ist, ob er in einer Facultät studirt habe, ob er außer diesen Königreichen eine Reise gemacht und in welcher Gesellschaft. Und nachdem er alle diese Dinge angegeben, soll er überhaupt gefragt werden, ob er die Ursache seiner Gefangennehmung wisse; und nach seinen Antworten sollen die weitern Fragen, die seinem Proceß gemäß sind, an ihn gethan werden. Man soll ihn ermahnen, daß er die Wahrheit sage und bekenne, nach der Gewohnheit und den Instructionen des heil. Amts, indem man drey Ermahnungen, an verschiedenen Tagen und mit einigem Zwischenraum, an ihn ergehen läßt. Was er etwa bekennt, und überhaupt alles, was in dem Gerichtssaal vorgeht, soll der Notarius in seinen Proceß=Acten aufschreiben. Desgleichen soll er nach den Gebeten und nach der christlichen Lehre gefragt werden, und wo und wann er gebeichtet habe, und bey welchen Beichtvätern? Die Inquisitoren sollen stets daran denken, daß sie, beym Verhör der Beklagten, nicht ungestüm und zu strenge seyn, aber auch eben so wenig so gelinde, daß sie einige Hauptsachen zu fragen unterlassen. Eben so sollen sie sich auch in Acht nehmen, nicht nach Dingen, wozu keine Anzeigen sind, zu fragen, außer wenn es solche wären, wozu der Beklagte durch sein Bekenntniß selbst Gelegenheit gäbe. Während daß die Beklagten ihr Bekenntniß ablegen, soll man sie frey ausreden lassen, ohne sie zu unterbrechen, wenn sie nicht solche Sachen reden, die gar nicht zum Zweck gehören.

Art. 16.

Damit die Inquisitoren dieses thun und auch ein richtiges Urtheil fällen können, sollen sie immer den Argwohn bey sich unterhalten, daß sie, sowohl bey dem Zeugenverhör als bey dem Bekenntnisse selbst, hintergangen worden

worden. Mit dieser Sorgfalt und Vorsicht werden sie die Sache nach Wahrheit und Gerechtigkeit betrachten und entscheiden, weil sie, wenn sie für den einen oder den andern Theil eingenommen wären, leicht sich betrügen könnten.

Art. 17.

Die Inquisitoren sollen, weder im Verhör noch außer demselben, mit den Gefangenen umgehen oder sprechen, außer dem, was zu ihrem Geschäfte gehört. Der Notarius, in dessen Gegenwart es vorgeht, soll alles das, was der Inquisitor oder die Inquisitoren mit den Gefangenen reden, und was der Beklagte antwortet, aufschreiben. Wenn das Verhör geschlossen ist, so sollen die Inquisitoren Befehl geben, daß der Notarius alles das, was er in demselben aufgeschrieben hat, verlese, damit der Beklagte, wenn er es verlangt, diesem noch einiges beyfügen oder darin berichtigen kann, auch sollen die Antworten und Berichtigungen des Beklagten so aufgeschrieben werden, daß von dem zuerst geschriebenen nichts ausgelöscht werde.

Art 18.

Der Fiscal soll Sorge tragen, die Anklage gegen die Gefangenen in der Zeit, welche

K 4

die Instruction vorschreibt, anzustellen, indem er sie überhaupt als Ketzer anklagt und besonders wegen dessen, was durch das Zeugenverhör so wohl als durch die Verbrechen, welche sie bekannt haben, gegen sie angegeben worden ist. Und, unerachtet die Inquisitoren in Verbrechen, welche nicht offenbare Ketzerey betreffen, nicht erkennen können, so soll doch der Fiscal, wenn der Beklagte anderer Verbrechen von Zeugen beschuldiget ist, sie dieserwegen anklagen, nicht, damit die Inquisitoren sie dafür strafen, sondern um die Verbrechen der Ketzerey, um derentwillen er sie angeklagt hat, zu aggraviren, und damit ihr schlechtes Christenthum oder Art zu leben bekannt werde, und man von diesem einen Schluß auf das, was den Glauben betrift, machen könne, wovon die Rede ist.

Art. 19.

Wenn auch der Beklagte alles vollkommen bekannt hat, was die Zeugen ausgesagt haben, so soll doch der Fiscal ihn förmlich anklagen, damit der Proceß bey seiner Instanz fortgesetzt werde, wie er bey seiner Denunciation angefangen worden ist, und damit die Richter mehr Freyheit erhalten, um sich über die Strafe oder Bußübungen, welche sie auflegen werden, zu berathschlagen, wenn die

Sache

Sache bey der Instanz stückweise durchgeführt ist. Man hat Erfahrung, daß vom Gegentheil Nachtheile entstehen können.

Art. 20.

Da der Beklagte gleich zu Anfang des Processes einen Eid abgelegt hat, die Wahrheit zu sagen, so soll er allezeit, wenn er vor Gericht geht, daran erinnert und ermahnet werden, daß er nach dem Eide, den er abgelegt hat, die Wahrheit sage, (welches von vieler Wirkung ist, wenn er von andern Personen spricht,) denn der Eid muß allezeit vor der Deposition hergehen.

Art. 21.

Zu Ende der Anklage scheint es schicklich und von guter Wirkung zu seyn, wenn der Fiscal verlangt, daß, im Fall seine Anklage nicht hinlänglich erwiesen wäre, und es nothwendig seyn sollte, der Schuldige auf die Folter gelegt werde; denn da er nicht darf gefoltert werden, ohne daß die Gegenpartheyen es verlangt, und es dem Gefangenen bekannt gemacht wird, so kann es in keinem Theile des Processes verlangt werden, wo er weniger Gelegenheit hat, sich auf die Folter vorzubereiten, oder sich weniger zu verändern.

Art. 22.

Der Fiscal soll die Anklage in Gegenwart der Inquisitoren vortragen, und der Notarius soll sie in Gegenwart des Beklagten ganz verlesen; der Fiscal soll den Eid ablegen, der von Rechts wegen erfordert wird, und sogleich das Gericht verlassen. In Gegenwart des Inquisitors oder der Inquisitoren, vor welchen die Anklage gemacht worden ist, soll der Beklagte Punct für Punct beantworten und so soll jede Antwort aufgezeichnet werden, wenn er gleich alles mit Nein beantwortet: denn wenn dieses auf eine andere Art gehalten wird, so pflegt Verwirrung und Undeutlichkeit in dem Geschäfte zu entstehen.

Art. 23.

Der Inquisitor oder die Inquisitoren sollen den Schuldigen daran erinnern, wie sehr es ihm zum Vortheil gereiche, die Wahrheit zu bekennen. Nach diesem sollen sie zu seiner Vertheidigung die Advocaten des heil. Amts, welche dazu angestellt sind, ernennen. In Gegenwart irgend eines von den Inquisitoren soll der Schuldige sich mit seinem Gelehrten besprechen, und mit seinem schriftlichen oder mündlichen Gutachten auf die Anklage antworten. Der Gelehrte soll vorher, ehe er er die Vertheidigung des Beklagten über sich nimmt, schwören, daß er ihn ehrlich und treu vertheidigen und alles das, was er sehen und erfahren wird, geheim halten wolle; und unerachtet er zu der Zeit, wo er als Gelehrter des heil. Amts aufgenommen wurde, geschworen hat, so ist er als Christ verbunden, ihn daran zu erinnern, daß er die Wahrheit sage, und wenn er sich darinn schuldig macht, so soll er eine Bußübung verlangen. Die Antwort soll dem Fiscal zu wissen gethan und in Gegenwart der Partheien und des Advocaten soll, nach Schluß der Sache, der Beweis aufgenommen werden. Bey diesem Endurtheile ist es nicht gewöhnlich, einen gewissen Termin zu bestimmen, noch die Partheien vorzuladen, um die Zeugen schwören zu sehen, denn weder der Beklagte noch ein anderer dürfen dabey gegenwärtig seyn.

Art. 24.

Damit der Gelehrte besser wisse, dem Beklagten, das, was er thun soll, zu rathen, und um ihn desto besser vertheidigen zu können, so sollen ihm die Bekenntnisse, die er in dem Proceß in seiner Gegenwart abgelegt hat, in dem was nicht einem dritten angeht, vorgelesen werden. Wenn aber der Beklagte

sein

sein Bekenntniß fortsetzen wollte, soll der
Advocat abtreten; denn er darf nicht dabey
gegenwärtig seyn.

Art. 25.

Wenn der Beklagte unter 25 Jahren ist,
so soll ihm, ehe er auf die Anklage antwortet,
ein Curator gesetzt werden, und, unter seiner
Autorität, sollen die abgelegten Bekenntnisse
und alles was im Proceß verhandelt worden,
bestätiget werden. Kein Beamter des heil.
Amts darf Curator seyn, aber der Advocat
oder sonst eine andere Person von Ansehen,
Zuverläßigkeit und Gewissenhaftigkeit kann
diese Stelle vertreten.

Art. 26.

Sogleich soll der Fiscal in Gegenwart
des Beklagten die Zeugen wieder vorführen
und vorstellen, auch die Beweise, die sowohl
in dem Proceß als in den Protocollen und
Schriften des heil. Amts gegen ihn sind, vorlegen, und verlangen, daß die Mitzeugen
verhöret, die Zeugen nach der Rechtsform genehmiget, und nach diesem die Zeugen öffentlich bekannt gemacht werden. Sollte der
Beklagte oder sein Advocat überdies sonst
einiges anmerken wollen, so soll es in dem
Proceß beygefügt werden.

Art.

Art. 27.

Sollte nachher, wenn die Partheyen schon zum Beweis genommen worden sind, zu irgend einem Theile des Processes noch ein neuer Erweis hinzukommen, oder der Beklagte ein neues Verbrechen begehen; so soll der Fiscal auch von neuem eine Anklage anstellen, und der Beklagte darauf antworten, nach obiger Form. Ueber diesen Punct soll der Proceß fortgesetzt werden, ob es gleich, wenn der hinzukommende Beweis noch zu dem Verbrechen gehört, dessen er angeklagt war, hinlänglich scheint, dem Beklagten zu sagen, daß man ihm zu wissen thue, daß noch mehr Erweis gegen ihn hinzugekommen sey.

Art. 28.

Da zwischen der Entscheidung über die Beweise und der Bekanntmachung der Zeugen einiger Zwischenraum zu seyn pflegt, so soll jedesmal, so oft der Gefangene vor Gericht erscheinen will, oder den Alcaide, wie es gewöhnlich ist, darum bitten läßt, ihm mit Sorgfalt ein Verhör gegeben werden; weil es theils denen Gefangenen zum Trost gereicht, gehört zu werden, theils es sich auch öfters zuträgt, daß ein Gefangener an einem Tage den Vorsatz hat, zu bekennen oder etwas anders, das zur Bewahrung sei-

nes

nes Rechts dient, zu sagen, da im Gegentheil, bey dem Aufschub des Verhörs andere neue Gedanken und Entschließungen eintreten.

Art. 29.

Ferner sollen die Inquisitoren, bey der Genehmigung der Zeugen und bey den andern Dingen, die der Fiscal zur Bewährung des Verbrechens verlangen wird, Sorgfalt anwenden, ohne irgend etwas zu unterlassen, was dienlich ist, die Wahrheit zu erfahren.

Art. 30.

Nachdem die Partheyen zum Erweis angenommen sind, sollen die Zeugen nach der Form des Rechts genehmiget werden, in Gegenwart angesehener Personen, welches zwey Geistliche seyn sollen, die die dazu erforderlichen Eigenschaften haben, alte Christen, die Verschwiegenheit geschworen und deren guter Lebenswandel und Sitten bekannt sind; in Gegenwart dieser soll es ihnen gesagt werden, daß der Fiscal sie als Zeugen vorstellet. Sie sollen gefragt werden, ob sie sich erinnern, irgend etwas vor einem Richter in Glaubenssachen gesagt zu haben? Beantwortet einer es mit Ja, so soll er den Inhalt seiner Aussage angeben, erinnert er sich aber

dessen

deſſen nicht, ſo ſollen allgemeine Fragen an
ihn gethan werden, durch welche ihm das,
was er geſagt hat, wieder ins Gedächtniß zu-
rückgerufen wird; verlangt er, daß man es
ihm vorleſe, ſo ſoll es geſchehen. Dieſes
alles iſt zu beobachten, die Zeugen mögen zu
der Zeit in oder außer dem Gefängniß ſeyn.
Der Notarius ſoll alles was vorgeht aufzeich-
nen, den Zuſtand, in welchem der Zeuge iſt,
ob er im Gefängniß iſt, und in welchem;
und wenn er krank iſt, ob er ſich im Gerichts-
Saal oder in ſeinem Zimmer im Gefängniß
befindet, und die Urſache, warum man ihn
nicht vor Gericht geführt hat. Dieſes alles
ſoll in den Proceßacten der Perſon, gegen
welche er geſtellt worden iſt, angeführt werden, damit man bey der Anſicht derſelben
alles überſehen kann.

Art. 31.

Nachdem die Zeugen gedachtermaaßen genehmiget ſind, ſo ſoll in der Bekanntmachung
alles, was das Verbrechen betrift, wörtlich
angeführt werden, ſo wie es die Zeugen aus-
geſagt haben; nur allein das, was die Zeugen kennbar machen könnte, ſoll weggelaſ-
ſen werden, wie die Inſtruction es befiehlt.
Sollte die Ausſage des Zeugen ſehr weitläuf-
tig ſeyn und eine Theilung leiden, ſo ſoll es

in

in Artikel eingetheilt werden, damit der Beklagte es besser verstehe und leichter auf ein jedes insbesondere antworten könne. Auf jeden soll er eidlich, Punct für Punct antworten. Auch soll man ihm nicht alle Zeugen, oder die ganze Aussage eines Zeugen, wenn sie theilweise aussagen, auf einmal vorlesen, sondern sie sollen ihn Punct für Punct antworten lassen. Die Inquisitoren sollen dafür sorgen, die Bekanntmachung bald anzustellen, und die Beklagten nicht lange in Ungewißheit lassen, indem sie ihnen sagen und zu verstehen geben, daß die Zeugen noch mehr gegen sie ausgesagt, als sie bekannt haben; und wenn sie gleich leugnen, so soll man nicht unterlassen, dasselbe zu thun.

Art. 32.

Die Bekanntmachung sollen die Inquisitoren oder einer von ihnen thun, indem sie dem Notarius das, was er schreiben soll, vorlesen oder es eigenhändig schreiben, unterzeichnen und bekräftigen, zufolge der Instruction. Und da es eine so wichtige Sache ist, so sollen sie sich auf keine andere Person verlassen, auch soll darin der Monath und das Jahr, in welchem die Zeugen ihre Aussagen thaten, aufgezeichnet werden. Doch, wenn irgend ein Nachtheil daraus entstehen könnte,

könnte, wenn der Tag pünctlich beygefügt wird, so soll man diesen nicht beyfügen, und Monath und Jahr ist hinlänglich, welches oft bey den Zeugen im Gefängniß zu geschehen pflegt. Desgleichen soll in der Bekanntmachung, der Ort und die Zeit, wo sein Verbrechen begangen worden, angegeben werden, weil es zur Vertheidigung des Beklagten gehört; aber man soll ihm nicht den Ort bestimmt mittheilen. Die Aussage des Zeugen soll ihm so buchstäblich, als möglich ist, gegeben werden, nicht ein bloßer Auszug von dem wesentlichen der Aussage. Auch hat man zu bemerken, daß, obgleich der Zeuge in der ersten Person seine Aussage ablegt, daß er mit dem Beklagten das tractirte, was er gegen ihn aussagt, so soll doch in der Bekanntmachung die dritte Person genommen werden, nemlich: er habe gesehen und gehört, daß der Beklagte mit einer gewissen Person umgieng.

Art. 33.

Desgleichen ist zu merken, daß wenn irgend ein Beklagter in seinem Processe an mehreren Tagen, von einer großen Anzahl Personen gesprochen hätte, und hernach alles unbestimmt und allgemein zusammenfassen wollte, eine solche Aussage der Zeugen nicht in die

Be=

Bekanntmachung aufgenommen werde, weil der Beklagte leicht in dieser Aussage sich irren könnte, wenn er nicht umständlich das, was er von jede dieser Personen sagen will, angiebt, ohne welche Angabe er kein guter Zeuge seyn kann. Um dieser Schwürigkeit auszuweichen, ist es besser, daß jedesmal, wenn ein solcher Fall vorkommt, der Inquisitor Verfügung träfe, daß der Beklagte sich deutlicher erkläre, indem er die Personen so viel möglich, umständlich bezeichnet, und sich nicht damit begnügt, zu sagen, alle obengenannte und die, die er in andern Bekenntnissen angegeben hat.

Art. 34.

Die Bekanntmachung der Zeugen soll den Beklagten, auch wenn sie bekannt haben, mitgetheilt werden, damit sie gewiß werden, daß sie, nach vorhergegangener Untersuchung in Verhaft genommen worden; denn sonst würde die Verhaftnehmung nicht gerecht seyn, und damit man sagen könne, er sey überwiesen und geständig, und das Urtheil gegen ihn als einen solchen ausgesprochen werden könne. Dazu haben die Richter vollkommene Freiheit, weil man ihnen nicht zur Last legen kann, die Zeugen nicht bekannt gemacht zu haben, vorzüglich in dieser

Sache,

Sache, wo man sich nicht auf den Eid der Zeugen beruft, und der Beklagte nicht weiß, wer sie sind.

Art. 35.

Hernach, wenn der Beklagte also geantwortet hat, so soll er die Bekanntmachung seinem Gelehrten mittheilen, und die Erlaubniß dazu soll ihm auf eben die Art gegeben werden, wie bey der Mittheilung der Anklage. Denn man muß ihm niemals Erlaubniß geben, weder mit seinem Gelehrten noch mit einer andern Person zu reden, außer in Gegenwart der Inquisitoren und des Notarii, welche alles was vorgegangen ist bezeugen sollen. Die Inquisitoren sollen die Vorsicht gebrauchen, nicht zu erlauben, daß mit den Gefangenen Anverwandte und Freunde oder andere Personen sprechen, wenn es gleich geschähe, um sie zum Bekenntniß ihrer Verbrechen zu bewegen. Doch, wenn es die Nothwendigkeit erfordert, und sie es für zuträglich halten, so können sie Erlaubniß geben, daß einige geistliche Personen und Gelehrte in dieser Absicht mit ihnen sprechen, aber immer in ihrer und des Notarii Gegenwart, denn auch selbst den Inquisitoren und andern Beamten ist es nicht erlaubt mit den Gefangenen allein zu sprechen noch in das

Gefängniß zu gehen, außer dem Richter. Obgleich die Instruction befiehlt, daß man dem Beklagten einen Procurator geben soll, so soll dies doch nicht geschehen, weil die Erfahrung gelehrt hat, daß vieler Nachtheil daraus zu entstehen pflegt; und da sich wenig Nutzen für die Partheyen gezeigt hat, so ist es nicht gewöhnlich, ihm einen zu geben. Nur in dringenden Fällen pflegt man wohl dem Advocaten Erlaubniß zu geben, ihn zu vertheidigen.

Art. 36.

Sollte der Beklagte Papier verlangen, um das, was seine Vertheidigung betrift, aufzuschreiben, so sollen ihm die Bogen vom Notarius zugezählt und rubricirt werden, und die Bogen, die er erhalten hat, sollen in den Proceß-Acten angemerkt, und, wenn er sie zurückgiebt, wieder gezählt werden, so, daß der Gefangene kein Papier zurückbehält. Ebenfalls soll bemerkt werden, wie er die Bogen zurückgiebt, und es soll ihm alles, was zum schreiben nöthig ist, gegeben werden. Wann er verlangen sollte, daß sein Gelehrter zu ihm komme, so soll er kommen, und über das mit ihm sprechen, was ihm dienlich ist; und ihm soll er die Papiere übergeben, die seine Vertheidigung enthalten, und

weiter

weiter nichts. Wenn er Befehl erhält, soll der Gelehrte zugleich mit dem Beklagten kommen, und ihn vor Gericht vorstellen, und dem Beklagten soll befohlen werden, daß er, um die Fragpuncte zu beweisen, zu einem jeden derselben eine große Anzahl Zeugen nenne, damit man aus diesen die geschicktesten und glaubwürdigsten verhören könne. Es soll ihm angedeutet werden, daß er keine Anverwandte und Dienstboten nenne, und daß die Zeugen alte Christen seyn, vorausgesetzt, daß die Fragen so sind, daß durch andere Personen es nicht wahrscheinlicherweise erwiesen werden kann. Wenn der Gefangene begehren sollte, die Vertheidigungen, welche der Gelehrte aufgesetzt hat, noch vorher, ehe sie vorgelegt werden, zu sehen, so soll man es ihm erlauben. Die Inquisitoren sollen Sorge tragen, daß weder der Gelehrte, noch eine andre Person mit den Gefangenen irgend etwas, außer dem, was zu seiner Vertheidigung gehört, verhandle, auch daß sie ihnen nicht Neuigkeiten, die sich außerhalb des Gefängnisses zugetragen, zubringen, denn daraus kann nichts gutes, aber öfters Schaden für die Personen und für die Sache der Gefangenen entstehen. Die Advocaten sollen weder von der Anklage und Bekanntmachung, noch von den

Fehlern der Zeugen eine Abschrift behalten, sondern alles an die Inquisition zurückgeben.

Art. 37.

Bey einem jeden Theil des Processes soll der Fiscal besondere Sorge tragen, und bey dem Ausgange jedem Gefangenen aus dem Verhöre die Proceß-Acten nehmen und nachsehen, was daselbst vorgegangen ist. Wenn der Beklagte bekannt hat, soll er die Bekenntnisse desselben, so fern sie zu seinen Gunsten gewesen, eintragen und die Anmerkungen, die in dem Bekenntniß von dem Beklagten gemacht sind, und alles übrige, was zur Deutlichkeit der Sache dienlich ist, an den Rand setzen und diese Eintragung soll gerichtlich geschehen.

Art. 38.

Die Vertheidigungen, die der Beklagte verlangt, und die ihm günstig seyn können, sollen die Inquisitoren sich angelegen seyn lassen, indem sie seine mittelbaren und unmittelbaren Zeugen annehmen und verhören, und diejenigen die er aufstellt, um die Fehler der Zeugen, die gegen ihn ausgesagt haben, zu beweisen. Mit dem größten Fleiß sollen sie alles thun, was zur Erweisung seiner

Un-

Unschuld dienen kann, mit eben der Sorgfalt, mit der sie bey dem Beweise seiner Schuld verfuhren. Wobey sie wohl erwägen müssen, daß der Beklagte wegen seiner Gefangenschaft nicht alles thun kann, was er bedarf und thun würde, wenn er seine Freyheit hätte, um seine Sache auszuführen.

Art. 39.

Wenn die triftigen Vertheidigungsgründe angenommen sind, so sollen die Inquisitoren den Beklagten zugleich nebst seinem Gelehrten vor sich erscheinen lassen und ihn versichern, daß die Vertheidigungen, welche er sich ausgebeten hat und die ihm in seiner Sache vortheilhaft seyn könnten, gemacht sind; wenn er nun wolle, daß seine Sache geendiget würde, so köne es geschehen, wünsche er aber noch etwas, so solle er es sagen, damit auch dieses geschehen könne. Verlangt der Beklagte weiter nichts, so soll die Sache geschlossen werden, ob es sich gleich versteht, daß der Fiscal nicht schließt, weil er nicht dazu verbunden ist und weil er sehr leicht aufs neue jede Untersuchung verlangen kann, die ihm zuträglich ist. Solte aber der Gefangene eine Abschrift und Bekanntmachung seiner Vertheidigungs-Schrift verlangen, so soll sie ihm nicht gegeben werden, weil da-

durch

durch die Zeugen, die gegen ihn Zeugniß abgelegt haben, bekannt werden könnten.

Art. 40.

Ist die Sache so weit verhandelt, so sollen die Inquisitoren den Ordinarius und die Räthe des heil. Amts versammlen, um ihnen den ganzen Proceß mitzutheilen, ohne daß ein wesentlicher Umstand dabey mangelt. Und, wenn alle ihn genehmigen, so soll votirt werden, indem ein jeder seine Meinung, nach Gewissen, erklärt und nach der Reihe seine Stimme giebt. Zuerst die Räthe, hernach der Ordinarius und alsdenn die Inquisitoren, welche in Gegenwart der Räthe und des Ordinarii ihre Stimme geben sollen, damit alle ihre Bewegungs=Gründe hören, und damit, wenn ihre Meinung verschieden wäre, die Räthe überzeugt werden, daß die Inquisitoren nach dem Recht und nicht nach freyer Willkühr handeln. Der Notarius soll die Stimme eines jeden besonders in das Register der Stimme eintragen und aus diesem soll der Proceß herausgezogen werden. Die Inquisitoren sollen die Räthe mit aller Freyheit votiren lassen und nicht erlauben, daß einer von ihnen dazwischen rede oder außer seiner Ordnung spreche. Und da das Amt der Inquisition keine Referenten hat,

so

so soll der älteste Inquisitor den Fall vortragen, ohne seine Stimme zu geben und sogleich soll der Notarius ihn vorlesen. Der Fiscal soll gegenwärtig seyn und bey den Räthen seinen Sitz haben, aber aus dem Saal herausgehen, ehe sie anfangen zu votiren.

Art. 41.

Wenn der Beklagte willig bekennt und sein Bekenntniß alle die Eigenschaften hat, die das Recht fordert, so sollen die Inquisitoren, der Ordinarius und die Räthe ihn zur Wiederversöhnung aufnehmen, aber mit Einziehung seiner Güter, nach der Vorschrift des Rechts, mit einem Bußkleide, oder san benito von gelben Leinen oder Tuch, mit zwey gefärbten Kreuzen, und mit ewiger oder sogenannter gnädigen (de la misericordia) Gefängniß-Strafe, wiewohl es bey der Einziehung der Güter und der Farben der Kleider in einigen Gegenden des Reichs Aragon besondere Gesetze, Privilegien, Rechte und Gewohnheiten giebt, die beobachtet werden müssen, wenn man die Zeit, wie lange das Kleid getragen und wie lange die Gefängniß-Strafe dauert, nach dem bestimmt was aus dem Proceß sich ergiebt. Wenn aus irgend einem andern Grunde eine willkührliche Kleidung erforderlich scheinen möchte, so sollen

sie

sie es unserm oder des dermaligen General-
Inquisitors Willen und nicht dem Belieben
der Inquisitoren überlassen. Dieses ist von
denen zu verstehen, welche nicht zurückge-
fallen sind; denn aus dem Recht ist es klar,
daß, wenn diese überwiesen oder geständig
sind; sie dem weltlichen Arm müssen übergeben
werden, und die Inquisitoren sie nicht wieder
zu Gnaden aufnehmen können, wenn sie
gleich nicht würkliche, sondern durch die ab-
gelegte Abschwörung de vehementi, verstellte
Zurückgefallene sind.

Art. 42.

Die Abschwörung, welche die Beklagte
thun, soll am Ende des Urtheils und der Bekanntmachung derselben beigefügt werden,
mit Beziehung auf die Instruction für diese
Abschwörung. Wenn die Beklagte schreiben
können, so sollen sie es mit ihren Nahmen
unterschreiben; können sie es aber nicht, so
soll es einer von den Inquisitoren oder der
Notarius thun. Da die Abschwörung öffentlich geschieht, so kann es daselbst nicht unterschrieben werden, sondern es soll an einem
andern folgenden Tage, in dem Gerichtssaal,
ohne ferneren Aufschub, geschehen.

Art.

Art. 43.

Wenn der Beklagte leugnet und er doch das Verbrechen der Ketzerey, dessen er angeklagt worden, rechtmäßig überwiesen ist, oder wenn er als ein muthwilliger und hartnäckiger Ketzer beharret; so ist nach den Rechten klar, daß er dem weltl. Arm und Richter übergeben werden muß, aber in solchem Fall sollen die Inquisitoren seine Bekehrung sich sehr angelegen seyn lassen, damit er zum wenigsten in der Erkenntniß Gottes sterbe und die Inquisitoren sollen dabey alles thun, was sie als Christen thun können.

Art. 44.

Die Inquisitoren führen öfters einige Beklagte auf das Blut-Gerüste, die sie, weil sie leugneten, dem weltlichen zu übergeben beschlossen haben; und weil sie zuweilen auf dem Blut-Gerüst, ehe das Urtheil gefällt ist, sich bekehren und ihre Verbrechen angeben, so nehmen sie sie wieder zu Gnaden auf und setzen die Entscheidung ihres Processes aus. Da nun dieses eine gefährliche Sache zu seyn scheint, wobey man den Verdacht haben muß, daß sie es mehr aus Furcht vor dem Tode, als aus wahrer Reue thun; so scheint es gut, daß man es selten und in besondern Rücksichten thun müsse.

müsse. Solte einer, wenn es ihm den Abend vor der Execution angekündiget wird, daß er beichten solle, weil er sterben müsse, seine Verbrechen ganz oder nur zum Theil gerichtlich bekennen, so daß es zuträglich scheint die Execution des Urtheils, die schon beschlossen war, auszusetzen, so soll man ihn nicht auf das Blut=Gerüst führen, weil sein Proceß als noch nicht entschieden anzusehen ist. Bey der Ausführung auf das Blut=Gerüst entstehet, wenn er Mitschuldige in seinem Verbrechen hat, großer Nachtheil, weil er die Urtheile aller übrigen höret, auch diejenigen siehet, welche verurtheilt und welche wieder zu Gnaden aufgenommen worden sind, wodurch er Zeit gewinnt, ein Bekenntniß nach Belieben abzufassen. Solchen Personen muß man in dem was sie gegen andere sagen wenig trauen und in das, was sie aus großer Todes=Furcht von sich selbst bekennen, großen Zweifel setzen.

Art. 45.

Wenn der Beklagte leugnet und gegen ihn und andere Mitschuldige hinreichende Zeugnisse sind, so daß er dem weltlichen Arm übergeben werden soll; so kann er auf die Folter in caput alienum gebracht werden. Im Fall ein solcher die Folter aushielte, auf
die

die er nicht gebracht wurde, um seine eigene Verbrechen die schon rechtmäßig erwiesen sind, zu bekennen; so soll er doch nicht von der Strafe der Uebergabe an den weltlichen Arm, wenn er nicht bekennt und Barmherzigkeit sucht, befreyt werden; denn, wenn er sie sucht, so muß beobachtet werden, was das Recht vorschreibt. Die Inquisitoren müssen wohl erwägen, wann gedachte Folter soll gebraucht werden. Bey Bekanntmachung des Urtheils soll die Ursache der Folter deutlich angegeben werden und zwar so, daß der Beklagte verstehe, daß er als Zeuge und nicht als Parthey gefoltert worden ist.

Art. 46.

Wann das Verbrechen nur halb erwiesen ist, oder solche Kennzeichen gegen den Beklagten vorhanden sind, daß er vom Proceß nicht befreyet werden kann, so giebt es bey diesem Fall, im Recht, verschiedene Mittel, nemlich: die Abschwörung de vehementi oder de levi, welches aber mehr ein Mittel zu seyn scheint, den Beklagten Furcht auf die Zukunft einzujagen, als sie für das vergangene zu züchtigen. Deswegen sollen denen, welche abschwören, Geldbußen auferlegt werden; und man soll sie vor der Gefahr warnen, die sie sich durch vorgeblichen Rückfall

fall zuziehen, wenn sie ein andersmal wegen der Verbrechen der Ketzerey angeklagt erscheinen. Um eben dieser Ursache willen sollen auch die, die de vehementi abschwören, der Abschwörungs-Formul ihre Namen unterschreiben, ob es gleich bisher nicht gewöhnlich war, und es soll mit der Sorgfalt verfahren werden, die bey den wieder zu Gnaden aufgenommenen vorgeschrieben ist.

Art. 47.

Ein zweytes Mittel ist der Reinigungs-Eid, der nach der Vorschrift der Inquisition, mit der Anzahl der Personen, die dem Gutdünken und Belieben der Inquisitoren, Ordinarien und Räthen überlassen ist, abgenommen werden soll. Nur muß dabey in Betracht genommen werden, daß dieser Reinigungs-Eid wegen des Verderbens der Menschen in diesen Zeiten, ein gefährliches Mittel ist, und nicht zu oft, sondern mit großer Vorsicht gebraucht werden darf.

Art. 48.

Das dritte Mittel ist die Folter, welches die Rechte, wegen der Verschiedenheit der körperlichen Kräfte und der Gemüths-Arten der Menschen für ungewiß und gefährlich halten, und bey welcher man keine gewisse Regel

gel angeben kann, sondern es vielmehr dem Gewissen und Willkühr der Richter, die nach Recht, Vernunft und Gewissen handeln, überlassen muß. Bey dem Ausspruch des Urtheils der Folter eben so, wie bey der Vollziehung derselben, sollen alle Inquisitoren und der Ordinarius gegenwärtig seyn, um der Fälle willen, die dabey eintreten können, wo ihr sämmtliches Gutachten und Stimme nöthig seyn kann. In den Instructionen von Sevilla vom Jahre 1484. ist es zwar erlaubt, bey der Vollziehung der Folter seine Stelle durch einen andern vertreten zu lassen, aber die gegenwärtige Verordnung scheint nothwendig zu seyn, ausgenommen, wenn sich einer von besagten Richtern wegen Schwachheit entschuldigen würde.

Art. 49.

Zu der Zeit, wenn das Urtheil zur Folter gesprochen wird, sollen dem Beklagten die Ursachen, um welcher willen er auf die Folter gelegt wird, angezeigt werden, aber hernach, nach gefälltem Urtheil, soll man ihm nichts besonders angeben, noch eine Person von denen, welche in seinem Proceß beschuldiget und angezeigt worden, nennen; zumalen, da die Erfahrung lehrt, daß die Beklagten in den Schmerzen alles was ihnen nur von ferne angedeutet wird, sagen, woraus aber ein Vorurtheil gegen andere, Gelegenheit ihre Bekenntnisse zu wiederrufen und anderer Nachtheile entstehen.

Art. 50.

Die Inquisitoren sollen sehr darauf sehen, daß das gefällte Urtheil der Folter gerecht und auf rechtmäßige Anzeigen gegründet sey.

In dem Fall, daß sie deswegen eine Bedenklichkeit oder Zweifel haben, weil der Schaden unersetzlich ist, da in Sachen der Ketzerey die Appellation von der vorläufigen Entscheidung (appellatio interlocutoria) statt findet, so soll die Appellation dem Theil, der appellirt hat, gestattet werden; aber im Fall, daß sie hinlänglich rechtmäßige die aus dem Proceß gezogene Merkmale haben, ist das Urtheil zur Folter gerecht. Denn die Appellation in solchem Fall wird als muthwillig angesehen und die Inquisitoren sollen zur Vollführung der Folter ohne weitern Aufschub schreiten. Sie sollen darauf sehen, daß sie in zweifelhaften Fällen die Appellation gestatten und eben so, daß sie nicht zur Erkennung der Folter und zur Vollziehung derselben schreiten, bis der Proceß geschlossen und die Vertheidigungen des Beklagten angenommen worden sind.

Art.

Art. 51.

Wenn die Inquisitoren in irgend einem Fall für gut halten, die Appellation in Criminalsachen den Beklagten, die gefangen sind, zu gestatten, so sollen sie die Processe an den Rath schicken, ohne den Partheyen deswegen Nachricht davon zu geben, und ohne daß es jemand außerhalb des Gefängnisses erfahre; damit, wenn der Rath etwas anders in irgend einer besondern Sache für gut hielte, sie es befehlen und vorschreiben können.

Art. 52.

Wenn irgend ein Gefangener einen der Inquisitoren nicht als Richter erkennen wollte, und dieser einen Collegen hat, der gegenwärtig ist; so soll er von der Untersuchung dieser Sache absehen, den Rath davon benachrichtigen, und sein College soll die Sache verhandlen. Hat er aber keinen Collegen, so soll er gleichfalls dem Rath es anzeigen, und in dieser Zeit soll nichts weiter verhandelt werden, bis die Ursachen des Verdachts untersucht sind, und der Rath das nöthige verordnet hat. Eben so soll es auch gehalten werden, wenn alle Inquisitoren nicht als Richter erkannt würden.

M Art.

Art. 53.

Vier und zwanzig Stunden nach der Folter soll der Beklagte seine Bekenntnisse bestätigen, und, im Fall er sie widerruft, so sollen die Mittel, die das Recht vorschreibt, gebraucht werden. Der Notarius soll, wenn der Beklagte auf die Folter gebracht wird, sogleich die Stunde aufschreiben, und eben so bey der Bestätigung, damit es nicht, wenn es am folgenden Tage geschähe, zweifelhaft werde, ob es nach oder vor den vier und zwanzig Stunden ist. Bestätiget der Beklagte seine Bekenntnisse, und sind die Inquisitoren mit seinem abgelegten Bekenntniß und mit seiner Bekehrung zufrieden, so können sie ihn, ungeachtet er auf der Folter bekannt hat, zur Wiederversöhnung aufnehmen. Die Instruction von Sevilla: 1484. Art. 15. befiehlt zwar, daß der, der auf der Folter bekannt hat, für überwiesen gehalten werden soll, wovon die Strafe, die Uebergebung an den weltlichen Arm ist; aber das, was hier verordnet wird, ist mehr im Gebrauch. Die Inquisitoren sollen jederzeit sehr behutsam seyn, wie sie solche aufnehmen, und darauf sehen, welche Ketzereyen es sind, die sie bekannt, ob sie diese von andern gelernt, oder ob sie sie andere gelehrt haben, um der Gefahr willen, die aus diesen Ketzereyen entstehen könnte.

Art.

Art. 54.

Wenn der Beklagte die Folter aushält, sollen die Inquisitoren die Beschaffenheit der Angaben, die Größe und Art der Folter, die Constitution und das Alter des Gefolterten in Erwägung ziehen, und wenn sie alles wohl erwogen und für gut halten, daß er sich von den Angaben hinlänglich gereiniget hat, sollen sie ihn frey sprechen. Doch, wenn es ihnen um irgend einer Ursache willen vorkommen mögte, daß er nicht mit gehöriger Strenge gefoltert worden, (in Rücksicht auf gedachte Umstände,) so können sie ihm die Abschwörung de levi oder de vehementi, oder irgend eine Geldstrafe auferlegen; wiewohl dieses nicht anders als mit großer Vorsicht geschehen muß, und erst alsdann, wenn man glaubt, daß er sich von den Angaben nicht hinlänglich gereiniget habe. Auch sollen die Inquisitoren darauf sehen, daß wenn ein Beklagter zur Folter bestimmt ist, sie nicht über das ihre Stimmen geben, was nach der Folter durch sein Bekenntniß oder Leugnen, in der Sache soll entschieden werden, sondern die Sache soll, wegen des verschiedenen Erfolgs, der bey der Folter seyn kann, aufs neue untersucht werden.

Art. 55.

Bey dem Foltern selbst soll niemand gegenwärtig seyn, als die Richter, der Notarius und die Folterknechte. Wenn die Folter vorüber ist, so sollen die Inquisitoren Befehl geben, daß man viele Sorgfalt anwende, den Gefolterten, wenn er eine Verletzung an seinem Körper erhalten hat, zu heilen, auch sollen sie sehr vorsichtig seyn, in welche Gesellschaft sie ihn in der Zeit setzen, bis er sein Bekenntniß bestätiget hat.

Art. 56.

Die Inquisitoren sollen alle Sorgfalt tragen, dem Alcaide zu befehlen, daß er niemals den Gefangenen etwas von dem, was ihre Sache betrift, sage, oder ihnen Rath ertheile, sondern diese sollen frey nach ihrem Willen handeln, ohne Ueberredung eines andern, und wenn sie finden, daß er das Gegentheil gethan hätte, sollen sie ihn bestrafen. Damit aber auch jede Gelegenheit zum Verdacht benommen werde, so der Alcaide bey keinem Unmündigen das Amt eines Curators und Vertheidigers übernehmen; eben so wenig soll er den Fiscal an seine Stelle setzen, in seiner Abwesenheit sein Amt zu versehen. Nur das allein soll man dem Alcaide erlauben und befehlen, daß, wenn ein Gefangener nicht

schrei-

schreiben kann, er dessen Vertheidigung aufschreibe; diese setzt er aber mit den Worten auf, wie der Gefangene sie ihm sagt, ohne etwas zu sprechen, oder aus seinem Kopf hinzuzusetzen.

Art. 57.

Ist der **Proceß** nun so weit vorgerückt, so sollen die Inquisitoren, der Ordinarius und die Räthe zusammen kommen und ihn wieder durchsehen, und alsdenn soll nach Recht entschieden werden, mit Beobachtung der obigen Ordnung.

Bey der Durchsicht der Processe soll der Fiscal gegenwärtig seyn, damit er die vorkommenden Puncte bemerken kann; aber zu der Zeit, wenn die Stimmen eingesammlet werden, soll er abtreten, wie schon oben gemeldet ist.

Art. 58.

Allemal wenn die Inquisitoren einen Gefangenen aus dem Gefängnisse führen lassen, um ihn, wohin es auch sey, zu versetzen, ausgenommen, wenn er dem weltlichen Arm übergeben wird; so sollen sie mittelst eines Eides ihn nach den Umständen des Gefängnisses fragen, ob er, so lange er darin war, irgend einige Communication zwischen den

Gefangenen oder andern Personen außerhalb des Gefängnisses gesehen, oder gehört, auf welche Art der Alcaide sein Amt versehen habe, und ob er Nachricht von irgend einem Gefangenen geben könne. Sollte dies irgend eine Sache von Wichtigkeit seyn, so sollen sie Einrichtungen treffen, und unter schweren Strafen befehlen, daß er es geheim halte, und nichts von dem spreche, was er im Gefängniß hat vorgehen sehen. Dieser Umstand soll seinen Proceß-Acten schriftlich beygefügt und so abgefaßt werden, wie der Gefangene es genehmiget, und wenn er schreiben kann, so soll er sich unterschreiben, damit er sich fürchte, dagegen zu handeln.

Art. 59.

Wenn ein Gefangener in dem Gefängniß stirbt, ehe sein Proceß geschlossen ist und sein Bekenntniß, wenn er gleich bekannt hat, den Beschuldigungen gegen ihn nicht so Genüge leistet, daß er wieder zu Gnaden aufgenommen werden kann; so soll es seinen Kindern, Erben oder den Personen, welchen seine Vertheidigung zukommt, zu wissen gethan werden. Uebernehmen diese den Proceß der Vertheidigung des Verstorbenen, so soll ihnen eine Abschrift von der Anklage und Aussage der Zeugen gegeben und alles das,

das, was sie zur Vertheidigung des Beklagten rechtmäßig anführen, angenommen werden.

Art. 60.

Wenn ein Beklagter, dessen Sache in dem obenbeschriebenen Zustand ist, den Verstand verlieren und von Sinnen kommen sollte, so soll ihm ein Curater oder Vertheidiger gesetzt werden. Sollten aber die Kinder oder Anverwandte des Gefangenen, wenn er bey gutem Verstande ist, irgend etwas zu seiner Vertheidigung anführen, so soll es von ihnen nicht, wie von der Parthey genommen werden, weil sie es nach dem Recht nicht sind; sondern die Inquisitoren sollen es annehmen, und außer dem Proceß sich ihrentwegen alle Mühe geben, die sie schicklich finden, um die Wahrheit in dieser Sache zu erfahren, ohne weder den Beklagten noch den Personen, die es angezeigt haben, irgend eine Nachricht davon zu geben.

Art. 61.

Wann der Fall eintrift, daß gegen das Andenken und dem guten Nahmen eines Verstorbenen gerichtlich verfahren werden soll, und man hinlänglichen Beweis hat, so wie die Instruction es fordert; so soll die An-

M 4   klage

klage des Fiscals den Kindern und Erben des Verstorbenen oder den andern Personen, die einen Antheil daran zu haben vorgeben können, bekannt gemacht werden.

Die Inquisitoren sollen dabey Fleiß anwenden, sicher zu erfahren, ob sie Nachkommen haben, damit sie in Person vorgeladen werden. Hierauf sollen sie, damit keiner eine Unwissenheit vorgeben könne, durch ein öffentliches Edict auf einen festgesetzten Termin vorgeladen werden; und wenn, nach Verfluß desselben, niemand zur Vertheidigung erscheinen sollte; so sollen die Inquisitoren einen Vertheidiger der Sache setzen und dem Recht gemäß den förmlichen Proceß machen. Erscheint jemand, so soll er zur Vertheidigung angenommen und der Proceß gegen ihn geführt werden, wenn auch ein solcher Vertheidiger, vielleicht um des Verbrechens der Ketzerey willen in den Registern des heil. Amts der Inquisition bemerkt steht. Denn da er zur Vertheidigung erscheint, so würde ihm Unrecht geschehen, wenn er nicht angenommen würde. Eben so wenig soll er auch ausgeschlossen werden, wenn er gleich in eben den Gefängnissen gefangen wäre. Dieser soll, wenn er es verlangt, jemand die Vollmacht geben können, in seinem Namen die Sache zu führen, vorzüglich, wenn er

keine

keinen Vertheidiger hat; denn er kann frey aus dem Gefängniß gehen und einen Verstorbenen vertheidigen. Und so lange weder der eine noch der andere verurtheilt ist, soll man ihnen nicht die Vertheidigung benehmen, da es einem eben so angelegen seyn kann seine Anverwandte, als seine eigene Person zu vertheidigen. In solchen Fällen, wenn gleich der Beweis gegen den Verstorbenen hinlänglich und augenscheinlich ist, sollen doch seine Güter nicht eingezogen werden, weil sie in den Händen anderer Besitzer sind, welche aus ihrem Besitz nicht sollen gesetzt werden, bis der Gefangene als Ketzer erklärt und dessen im Gericht nach der Vorschrift des Gesetzes überwiesen ist.

Art. 62.

Wenn der Vertheidiger das Andenken und den guten Nahmen irgend eines Verstorbenen nach den Rechten vertheidigt und dieser von der Anklage frey gesprochen werden muß, so soll, weil die Edicte gegen ihn öffentlich bekannt gemacht worden sind, auch sein End=Urtheil öffentlich vorgelesen, aber sein Bildniß bey der Handlung nicht aufgestellt werden. Eben so wenig sollen auch die Verbrechen, um deren willen er angeklagt werden, einzeln aufgezählt werden, weil sie ihm nicht bewiesen worden sind. Auf eben diese Art soll es auch mit denen gehalten werden, die persönlich gefangen gesetzt, angeklagt und von der Anklage losgesprochen worden, wenn es von ihrer Seite verlangt wird.

Art. 63.

Sollte keiner zur Vertheidigung erscheinen, so sollen die Inquisitoren einen geschickten und erfahrnen Mann als Vertheidiger setzen, der aber nicht ein Beamter des heil. Amts der Inquisition seyn darf. Diesem soll befohlen werden, daß er alles geheim halte und sich mit den Gelehrten des heil. Amts wegen der Anklage und Aussage der Zeugen bespreche, aber nicht mit andern Personen, ohne ausdrückliche Erlaubniß der Inquisitoren.

Art. 64.

Bey dem Proceß, den die Inquisitoren gegen irgend einen abwesenden anstellen, soll die Form, welche die Instruction vorschreibt, beobachtet werden. Besonders sollen sie auf die Termine des Edicts merken, sie zu verlängern oder abzukürzen, je nachdem man die Entfernung des Beschuldigten erfahren kann. Dieser soll in drey Terminen vorgeladen werden, und beym Schluß eines jeden soll der

Fiscal

Fiscal ihn wegen Wiederspenstigkeit anklagen, ohne daß er darin einen Fehler begeht, damit der Proceß desto ungehindert fortgehe.

Art. 65.

Die Inquisitoren sollen bey solchen oft Untersuchung anstellen, die gewisser Dinge beschuldiget sind, die sie im Glauben verdächtig machen, und die sie wegen der Beschaffenheit des Verbrechens und der Person nicht für Ketzer erklären. Zum Beyspiel solcher, die zwey Ehen zu gleicher Zeit schliessen, Blasphemien oder üble Reden ausstossen, welchen sie, nach der Beschaffenheit des Verbrechens, verschiedene Strafen und Bußübungen auferlegen, so wie es mit dem Recht übereinkommt und sie es für gut finden. In diesem Fall sollen sie weder Bußübungen noch Geldstrafen oder körperliche Strafen auferlegen, zum Beyspiel, Staupe oder Galeeren, oder andere sehr beschimpfende Strafen, wenn sie nicht im Stande sind, die Geldsumme, zu der sie verurtheilt sind, zu erlegen. Denn diese Strafen verursachen einen übeln Ruf und scheinen eine Gewaltthätigkeit zum Nachtheil der Parthey und ihrer Verwandten zu seyn. Um dieses alles zu verhüten, sollen die Inquisitoren ihre Urtheile schlechtweg, ohne Bedingung und Wahl aussprechen.

Art.

Art. 66.

In allen den Fällen, wo zwischen den Inquisitoren und dem Ordinarius oder zwischen einem von ihnen entweder bey der Entscheidung der Sache oder irgend einer Handlung, oder bey einem vorläufigen Bescheid (sentencia interlocutoria) eine Ungleichheit in den Stimmen entsteht, soll die Sache an den Rath verwiesen werden. Aber wenn die obengenannte einerley Meinung sind, und die Räthe nicht einstimmen und jene die Mehrheit der Stimme haben; so soll das Votum der Inquisitoren und des Ordinarii vollzogen werden. Bey sehr wichtigen Vorfällen sollen die Stimmen der Inquisitoren, des Ordinarii und der Räthe, wenn sie gleich mit einander übereinstimmten, nicht vollzogen werden, ohne darüber den Rath zu befragen, wie es gewöhnlich gehalten wird und auch verordnet ist.

Art. 67.

Die geheime Notarien sollen alle Sorgfalt tragen, die Aussagen der Zeugen, die sie in den Registern finden, aus den Processen eines jeden der Beklagten heraus zu ziehen, und sie nicht durch Verweisungen von einem Proceß auf den andern machen, weil es große Unordnung bey der Untersuchung ver-

verursacht. Um dieser Ursache willen ist auch die Verfügung getroffen und öfters Befehl gegeben worden, daß es also soll gehalten und erfüllt werden, unerachtet es den Notarien beschwerlich ist.

Art. 68.

Sollte man finden oder entdecken, daß einige Gefangene Communication mit einander im Gefängniß gehabt haben, so sollen die Inquisitoren allen Fleiß anwenden, zu erfahren, welche es sind; ob sie Mitschuldige in eben demselben Verbrechen gewesen, und worüber sie sich mit einander unterredet haben; alles dieses soll in den Proceß eines jeden aufgezeichnet werden. Man soll aber auch suchen zu bewirken, daß die Communication aufhöre; denn wenn die Gefangenen in dem Gefängniß mit einander communicirten, so ist alles, was sie gegen andere Personen und so gar gegen sich selbst gesagt haben, verdächtig.

Art. 69.

Sollte ein Proceß gegen irgend eine Person entschieden, oder ohne Entscheidung aufgeschoben worden seyn, (wenn er gleich nicht wegen förmlicher Ketzerey, sondern aus andern Ursachen vor das heil. Amt gehört,) weil

weil gegen die Person ein neuer Beweis zu
den neuen Verbrechen hinzukommt; so soll
man den zuvorgeführten Proceß mit diesem
neuen verbinden, damit die Schuld erschwe=
ret werde, und der Fiscal soll dieses in seiner
Anklage anführen.

Art. 70.

Die Gefangenen, die man einmahl zu=
sammen in eine Kammer gesetzt hat, sollen
nicht in andere Kammern, außer wenn sie alle
beyeinander bleiben, eingeschlossen werden,
damit man die Communication in dem Ge=
fängniß verhüte; denn es versteht sich von
selbst, daß, wenn man sie aus einer Gesell=
schaft in die andere versetzt, sie einander als=
denn alles das erzählen, was vorgeht. Und
sollte ein so wichtiger Umstand eintreffen, daß
man es nicht vermeiden kann, so soll es in
den Proceßacten desjenigen, den man versetzt
hat, angemerkt werden, damit man die recht=
mäßige Ursache seiner Versetzung wisse. Denn
dieses ist sehr wichtig, vorzüglich, wenn
der Fall eintrift, daß sie ihre Bekenntnisse
wiederrufen oder verändern.

Art. 71.

Wenn irgend ein Gefangener in dem Ge=
fängniß krank wird, so sind die Inquisitoren

ver=

verbunden, ihn alsobald mit Sorgfalt heilen zu lassen, und dafür zu sorgen, daß ihm alles das, was nach dem Gutachten des Arztes zu seiner Gesundheit nöthig ist, gegeben werde. Verlangt er einen Beichtvater, so soll ihm ein geschickter und zuverläßiger Mann gegeben und diesem ein Eid abgenommen werden, daß er alles verschweigen wolle und daß er, wenn der Bußfertige in seiner Beichte irgend etwas, das ausserhalb den Gefängnissen sich zugetragen, angiebt, solches Geheimnuß nicht annehmen oder ähnliche Nachrichten gebe. Sollte er aber außer der Beichte etwas dergleichen gesagt haben, so soll er es den Inquisitoren anzeigen, und diese werden ihn belehren und unterrichten, wie er sich gegen den Bußfertigen zu verhalten habe, indem er ihm bedeutet, daß er, weil er als Kezzer gefangen sitzt, nicht könne frey gesprochen werden, wenn er nicht seine Kezzerey, deren er beschuldiget worden, gerichtlich entdecke. Das übrige soll dem Gewissen des Beichtvaters überlassen seyn, der ein erfahrner Mann seyn muß, damit er wisse wie er sich in einem solchen Fall zu betragen habe. Wenn aber der Gefangene gesund ist, und einen Beichtvater verlangt, so ist es sicherer ihm keinen zu geben, außer, wenn er gerichtlich bekannt und der Aussage der Zeugen Genüge geleistet hat.

hat. In diesem Fall scheint es rathsam zu
seyn, ihm einen Beichtvater zu geben, der
ihn tröste und stärke. Aber da er von dem
Verbrechen der Ketzerey nicht kann freyge:
sprochen werden, bis daß er in den Schooß
der Kirche wieder aufgenommen worden ist,
so scheinet es, daß die Beichte nicht die ganze
Wirkung haben werde, ausgenommen, wenn
einer in dem letzten Augenblick des Todes ist,
oder eine schwangere Frau, die der Entbin:
dung nahe ist. Bey diesen soll man das,
was die Rechte hierin verordnen, beobachten.
Sollte der Beklagte keinen Beichtvater ver:
langen, wenn der Arzt die Hofnung zu seiner
Genesung aufgiebt oder daran zweifelt; so
kann man ihm auf alle Art zureden, daß
er seine Beichte ablege; und wenn sein ge:
richtliches Bekenntniß der Aussage der Zeu:
gen Genüge leistet, so soll er vor seinem Tode
mit der dazu erforderlichen Abschwörung
förmlich wieder zu Gnaden aufgenommen
werden, und der Beichtvater soll ihm nach
der gerichtlichen Lossprechung auch die sacra:
mentliche Absolution ertheilen. Entsteht
kein Nachtheil daraus, so soll man ihm ein
kirchliches Begräbniß in der möglichsten
Stille geben.

Art.

Art. 72.

Obgleich die Richter bey andern Gerichten, um die Verbrechen noch mehr klar zu machen, die Zeugen mit den Delinquenten zu confrontiren pflegen, so soll es in dem Inquisitions-Gerichte nicht so gehalten werden, auch ist es nicht gewöhnlich. Denn, außerdem, daß bey diesem die Verschwiegenheit, die in Betreff der Zeugen befohlen ist, verletzt wird, hat auch die Erfahrung gezeigt, daß wenn es geschehen ist, keine gute Wirkungen erfolgt sind, sondern vielmehr Nachtheil daraus entstanden ist.

Art. 73.

Damit die Sachen, die das Amt der heil. Inquisition betreffen, mit Verschwiegenheit und geziemender Autorität können verhandelt werden, so sollen die Inquisitoren, wenn sie visitiren, und sich hinlängliche Aussage der Zeugen gegen irgend eine Person, wegen eines begangenen Verbrechens darbietet, um dessentwillen sie ins Gefängniß gelegt werden sollte, den Verhaft nicht vollziehen, ohne sich vorher mit ihren Amtsgehülfen und Räthen, die in dem Hauptort des Districts wohnen, darüber berathschlagt zu haben; ausgenommen in dem Fall, wo der Beschuldigte der Flucht verdächtig ist, denn

N   da

da kann der Inquisitor, dem dieses vorkommt, um der Gefahr willen, mit gutem Grunde Befehl zum Verhaft geben; und er soll in der Kürze, die das Geschäft erfordert, den Gefangenen nebst der Beschuldigung gegen ihn in die Gefängnisse der Inquisition zur Verwahrung schicken, wo seine Sache soll verhandelt werden. Dieses ist aber nicht von den minder wichtigen Sachen zu verstehen, die ohne Verhaft pflegen entschieden zu werden, zum Beyspiel: nicht ganz förmliche ketzerische Blasphemien; denn diese kann er, wie es gewöhnlich ist, durch eine Vollmacht von dem Ordinarius, entscheiden. Aber auf keinerley Weise soll der Inquisitor bey seiner Visitation einen ins Gefängniß legen, um einen Proceß wegen des Verbrechens der Ketzerey oder einer damit verbundenen Sache anzufangen, weil die Beamte und die geheime Einrichtung der Gefängnisse, die dazu erfordert wird, ihm fehlen würden und dadurch Nachtheil entstehen könnte, der den guten Fortgang der Sache hindert.

Art. 74.

Zu der Zeit, wenn man die Processe der Personen, die als Ketzer mit Einziehung ihrer Güter erklärt werden müssen, durchsieht, sollen die Inquisitoren, der Ordinarius und

die

die Räthe, die Zeit, in welcher einer die Verbrechen der Ketzerey, um derer Willen er als Ketzer erklärt ist, zuerst begieng, angeben, damit diese Angabe dem Einnehmer, wenn er sie verlangt, um sie in irgend einer Civilsache vorzulegen, gegeben werden kann. Es soll auch besonders angemerkt werden, ob es aus dem Bekenntniß der Parthey oder der Zeugen oder von beyden zusammen bekanat worden ist, und so soll es dem Einnehmer gegeben werden. Sollte man es aber auf diese Weise nicht anzeigen lassen, so sollen, wenn der Einnehmer es begehrt, alle Inquisitoren, die gegenwärtig sind, sie angeben, und in ihrer Abwesenheit sollen die Räthe zusammen berufen werden, um die besagte Zeit anzugeben.

Art. 75.

Der Lebens-Unterhalt, den man denen von der Inquisition gefänglich Eingesetzten reichen muß, soll nach der Zeit und nach dem Preiß der Lebensmittel taxirt werden. Sollte aber eine Person von Stande, die Güter im Ueberfluß besitzt, gefangen seyn und bessere Speisen und Unterhalt als das gewöhnliche verlangen, so soll man ihm alles nach seinem Willen reichen, was für seine Person und Bedienten oder Bediente, wenn er deren im Gefängniß hat, anständig ist, mit dem Beding, daß weder der Alcaide noch der Speisemeister auf keine Weise sich irgend etwas von dem, was sie solchen gegeben haben, wenn es auch überflüßig ist, sich zueignen, sondern dieses soll den Armen gegeben werden.

Art. 76.

Da alle Güter der Gefangenen durch die Inquisition eingezogen werden, so soll man, wenn ein solcher Gefangener Frau oder Kinder hat, und sie sich einiges zum Lebens-Unterhalt ausbitten, mit den Gefangenen in dieser Absicht sprechen, damit man darüber seine Gesinnung wisse. Nachdem er in sein Gefängniß zurück gebracht ist, sollen die Inquisitoren, den Einnehmer und den Sequestrations-Schreiber zu sich rufen, um es nach dem Betrag der Güter und dem Stande der Personen zu taxiren. Sollten aber die Kinder in dem Alter seyn, daß sie ihren Unterhalt sich durch Arbeit erwerben können, und von dem Stande, daß es sie nicht beschimpft, so soll allen denen, die ihren Unterhalt sich erwerben können, keine Lebens-Mittel gereicht werden. Wenn es aber alte Kinder oder Mädchen sind, oder es ihnen aus einer andern Ursache nicht anständig ist, ausser ihrem Hause zu leben, so soll diesen der nöthige Unterhalt, so viel hinlänglich scheint,

um

um sie zu unterhalten, in Geld aber nicht in Brod, angewiesen werden; dieses aber soll mäßig seyn, in Betracht dessen, daß solche Personen, denen der Unterhalt auf diese Art gereicht wird, es sich durch ihren Fleiß und Arbeit erwerben können.

Art. 77.

Sind die Stimmen über die Processe der Gefangenen gesammlet und das Urtheil gefället, so sollen die Inquisitoren einen feyerlichen Tag ansetzen, an welchem das Auto de la fe gehalten werden soll. Dieses soll den Capiteln der Kirche und Stadt angezeigt werden und wo ein Gericht, Präsident und Auditoren (Oidores) sind, welche eingeladen werden, sollen es so begleiten, wie es auf beyden Seiten gewöhnlich ist. Die Inquisitoren sollen Sorge tragen, daß es zu einer solchen Stunde gehalten werde, daß die Execution derjenigen, die dem weltlichen Arm übergeben werden, noch bey Tage vollzogen werden könne, um Nachtheil zu verhüten.

Art. 78.

Da gewöhnlich schlimme Folgen daraus entstehen, wenn man die Nacht vor der Execution jemand ins Gefängniß gehen läßt, so sollen die Inquisitoren dafür sorgen, daß niemand

mand mehr hinein gehe als der Beichtvater und zur angesetzten Zeit die Bediente; diesen sollen die Gefangenen schriftlich, in Gegenwart der Notarien des heil. Amts, übergeben werden, daß sie sie wieder zurück bringen und davon Rechenschaft geben, ausgenommen die Verurtheilten, welche der Gerechtigkeit ausgeliefert werden müssen. Auf dem Wege oder auf dem Blut=Gerüst sollen sie nicht erlauben, daß jemand mit ihnen spreche, noch ihnen von dem was vorgeht, Nachricht gebe.

Art. 79.

Am folgenden Tage sollen die Inquisitoren alle wieder zu Gnaden aufgenommene aus dem geheimen Gefängniß nehmen lassen, ihnen das über sie gefällte Urtheil eröfnen und sie vor den Strafen warnen, die sie sich zuziehen würden, wenn sie nicht aufrichtig Bußfertige sind. Und nachdem sie sie über die Umstände des Gefängnisses besonders verhört haben, so sollen sie sie dem Alcaide des immerwährenden Gefängnisses übergeben, mit dem Befehl, daß er sie sorgfältig verwahre und sie ihre Bußübungen erfüllen lasse; daß er ihnen von ihren Fehlern Nachricht gebe, wenn sie es verlangen. Er soll auch zusehen, daß sie in ihrer Noth versorgt und unterstützt werden, indem er er ihnen die Sachen zukommen läſt, die ſie zu ihrem erlernten Handwerk nöthig haben, womit ſie ſich helfen und ihr Elend unterſtützen und erleichtern können.

Art 80.

Die Inquiſitoren ſollen diejenigen, die im ewigen Gefängniß gefangen ſind, einigemal im Jahre beſuchen, um nachzuſehen, wie ſie ſich befinden, wie ſie behandelt werden und was ſie für ein Leben führen. Da aber bey vielen Inquiſitionen keine ſolche Gefängniſſe ſind, und es doch ſehr nothwendig iſt, ſo ſollen in dieſer Abſicht Häuſer gekauft werden; denn wenn man kein ſolches Gefängniß hat, ſo kann man nicht bemerken, wie die wieder zu Gnaden Aufgenommenen ihre Bußübungen erfüllen, und auch diejenigen nicht hinlänglich beobachten, die Verwahrung bedürfen.

Art. 81.

Es iſt bekannt, daß alle San-Benitos der Verurtheilten, ſowohl der lebenden als der verſtorbenen, der gegenwärtigen und der abweſenden, in den Kirchen, wo ſie gebären und in den Kirchſprengeln, wo ſie ſich zu der Zeit ihrer Gefangennehmung, ihres Todes oder Flucht aufgehalten, aufbewahrt werden.

Eben dieses geschieht auch mit den San-Benitos der wieder zu Gnaden aufgenommenen, nachdem sie ihre Bußübungen erfüllt und sie ihnen abgenommen sind, wenn sie sie gleich nicht länger als in der Zeit, da sie sich auf dem Blutgerüst befanden, und ihnen ihr Urtheil vorgelesen ward, getragen haben: dieses soll unverbrüchlich gehalten werden, und niemand hat Erlaubniß es zu verändern. Den Inquisitoren wird aufgetragen, diese aufzuhängen und zu erneuern, besonders in denen Gegenden, die sie visitiren, damit beständig das schimpfliche Andenken solcher Ketzer und ihrer Nachkommen erhalten werde. Es soll dabey die Zeit ihrer Verurtheilung angegeben werden, und ob ihr Verbrechen Ketzerey von Juden, Mauren oder die neuen Ketzereyen des Martin Luther und seiner Anhänger betrist. Aber die San-Benitos der in der Gnadenzeit wieder aufgenommenen soll man nicht aufhängen, denn weil es ein Artikel besagter Gnade ist, daß von ihnen keine San-Benitos in den Kirchen aufgehängt werden, und sie sie nicht zur Zeit ihrer Aufnahme tragen dürfen, so sollen sie auch nicht in den Kirchen aufgehängt werden.

Alle obigen Puncte und einen jeden derselben befehlen und gebieten wir euch, in den

Ge-

Geschäften, die sich in allen Inquisitionen darbieten werden, zu beobachten und zu befolgen, wenn auch in einigen derselben ein andrer Gebrauch und Gewohnheit Statt gefunden hätte; denn also gereicht es zum Dienst Gottes, unsers Herrn, und zur guten Verwaltung der Gerechtigkeit.

In Urkund dessen geben wir Gegenwärtiges, unterzeichnet mit unserm Namen und bekräftiget mit unserm Siegel, referirt vom Secretair der General-Inquisition.

Gegeben zu Madrid, den zweyten Tag des Monaths September, im Jahr der Geburt unsers Heilands Jesu Christi, Ein Tausend funfzehn Hundert und Ein und Sechzig.

F. Hispaleñ.

Auf Befehl Ihrer Hochwürden:

Juan Martinez de Lassao.

Beschreibung der, von dem heil. Inquisitions-Gericht am 9ten May 1784. in der Kirche St. Domingo al Real öffentlich vollzogenen Execution.*)

Am neunten May 1784. nach 8¼ Uhr des Morgens giengen aus dem Inquisitions-Gerichtshof ein Mann und zwey Frauens-Personen in Buskleidern; ersterer und die eine Frauens-Person mit dem San-Benito und dem Andreas-Kreutz, die andere ohne dieses; alle drey mit grünen Kerzen, Striken um den Hals und papiernen Kappen, worauf ihre Verbrechen geschrieben waren. Vor dem Tribunal, das in seiner Ordnung zog, gieng ein Zug von der Renterey voraus und eine Compagnie von den Grenadieren des Regiments von Murcia; in zwey Reihen folgten die Familiaren und in ihrer Mitte die Verbrecher, denn die Censores in Glaubens-Sachen, und in ihrer Mitte ein geist- und weltlicher Bedienter, welche einen mit carmesinrothem Sammet überzogenen Kasten, worin die Proceß-Acten waren, trugen; der

In-

*) Aus dem Memorial Literario instructivo y curioso de la corte de Madrid, &c. Mayo 1784 pag. 79-83.

Inquisitor, der allein gieng D. Don Joseph de Quevedo y Quintano, der geheime Sekretair, der oberste Alguazil, Seine Excellenz der Marquis von Cogelludo und die zwey supernumeraire Sekretairs, Seine Excellenz der Graf von Altamira und der Herzog von Frias, machten den Beschluß der Procession. Zwey Reihen von den Hellebardirern deckten den ganzen Platz, den das Inquisitions-Gericht einnahm, und hinten, der übrige Theil Grenadiere von der genannten Königlichen Compagnie, die den Marsch spielten, eben so, wie die Grenadiers, die voraus zogen. Allen diesem folgte der Zug von Wagen und Kutschen des obersten Alguazils. In dieser Ordnung kam die Procession in die Reihe des heil. Domingo el real, welche mit der Grenadier-Compagnie des Regiments von Africa besetzt war, um Unordnung beym Zulauf des Volks zu verhüten. D. Franciscus Miranda, erster Adjudant dieses Platzes und Obristlieutenant, stellte die Compagnie in zwey Flügel, und nachdem die Geistlichkeit dieser Kirche hinaus getreten war, um das Tribunal zu bewillkommen, giengen alle in Procession in die Kirche. Die Verbrecher wurden zu den Bänken geführt, die auf einem zu dieser Absicht, an der Seite der Epistel bis an die Mitte der Kirche hin, aufgeführten Gerüst

ge-

gestellt waren. Hinter ihnen stellten sich der
Alcayde, der Vice-Alcayde, der Gerichts-
Bote und der Chirurgus, die sie besorgten
und beobachteten. Die Diener und Familiaren des Gerichts nahmen die Mitte der Kirche ein; der Oberste Alguazil, die Secretair
und Rentmeister standen zur rechten des Inquisitors, unmittelbar an dem Gerüst, welchem gegen über die Censoren in Glaubenssachen, die Räthe, die Grandes und andere vornehmen Personen, die dazu eingeladen waren,
sich befanden. Die Frauenzimmer von glei-
chem Rang hatten ihren Platz in der Kirche,
den Beklagten gegen über. Die Mitte der
Kirche nahm das Tribunal und die Garde
von Hellebardieren ein, an der Seite des Inquisitors, der seinen Sitz beym Evangelio
hatte, vor sich ein Crucifix, das Ritual, die
Stole und ein Licht, um die Verbrecher zu
absolviren. Sobald das Zeichen mit der
Schelle gegeben wurde, fieng der Eingang der
Messe an, und nachdem dieser geendiget war,
giengen der Priester und die Diener miteinan-
der zu dem großen Altar auf die Epistel-
Seite, und ein Secretair des Gerichts bestieg eine Kanzel neben dem Gerüst, worauf
die Verbrecher waren, und las ihre Proceß-
Acten vor, welche eine Menge von Schänd-
lichkeiten, Aberglauben, Abgötterey, Teufels-

ver-

verbindungen und andern verabscheuungs=
würdigen Verbrechen enthielt, um derent
Willen folgendes Urtheil über sie gefällt wor=
den. Der Mann und eine von den Frauen
sollten de Vehementi abschwören, beyde am
folgenden Tage auf den öffentlichen Platz ge=
führt werden, der Mann um die Strafe von
200 Staupschläge zu erhalten und die Frau
zur öffentlichen Beschimpfung. Dann soll=
ten beyde auf fünf Jahr in das Zuchthaus
geführt und auf immer, vierzig Meilen von
der Haupt=Stadt und den Königlichen Hof=
lagern verwiesen werden, wobey ihnen ange=
deutet wurde, daß sie in dem Ort, in wel=
chem sie sich niederlassen würden, sich dem
dortigem Tribunal, oder dem Diener des
heil. Gerichts vorstellen sollten, damit diese auf
ihre Handlungen achten könnten. Die andre
Frauensperson solle de Levi abschwören und
von Madrid und den Königlichen Hoflagern
auf vier Jahre verbannt seyn. Alle drey
Verbrecher sollten, nachdem sie einen Mo=
nath lang im Hause des Tribunals geistliche
Uebungen verrichtet und dem zu ernennenden
Director allgemeine Beichte abgelegt hätten,
in das Königliche Gefängniß, aus welchem
sie herkamen, zurück gebracht werden, damit
ihre hier anhängig gemachte Sache ausge=
macht würde, nach deren Endigung sie zu
ihren

ihren verschiedenen Bestimmungen abgeführt
werden sollten. Nachdem diese Ceremonie
geendiget war, wurden die Verbrecher an
den Fuß des Presbyterii geführt, wo sie
vor dem Tisch des Inquisitors nieder knieten,
und mit Beystand des ältesten geheimen
Secretärs abschwuren. Nachdem sie absol=
virt, ihnen die Andreas=Kreuze abgenommen
waren, wurden die grünen Kerzen, die sie in
ihren Händen hielten, angezündet. Sie
knieten an dem Fuß des großen Altars und
hörten die Messe an. Am Ende derselben
gaben sie die Kerzen dem Priester, küßten seine
Hand, und wurden in eben der Ordnung,
wie vorher in die Kirche, wieder zurück in das
Gerichthaus geführt. Am folgenden Tage
um zehn Uhr des Morgens wurden der Mann
und die eine Frau aus dem Gerichtshaus
herausgeführt, um die Schläge und die öffent=
liche Beschimpfung zu empfangen, begleitet
von allen Familiaren und weltlichen Dienern,
in zwo Reihen, zu Pferde; die Secretarien
und der oberste Alguazil folgten dem Zuge,
der seine Kutschen und Wagen mit führte.
Vor der ganzen Procession gieng ein Hau=
fen Reuterey. An beiden Tagen war ein
sehr großer Zusammenlauf von Volk.

Edict

des heiligen Amts der Inquisition vom 11ten August 1785., worin befohlen wird, verschiedene gedruckte Bücher, Abhandlungen und Blätter, nach den hier festgesetzten Vorschriften zu verbieten oder von Fehlern zu reinigen.*)

Wir, die Apostolischen Inquisitoren, gegen ketzerische Irrthümer und Abfall vom Glauben ꝛc. wünschen allen Personen, welches Standes und Würden sie seyn, freyen oder nicht freyen, Einwohnern und Angesessenen, die sich in der Städten, Dörfern und Flecken unsers Districts aufhalten und wohnen, und einer jeden derselben, Heil in unserm Herrn Jesu Christo, der das wahre Heil ist, und gegen unsern Befehlen genauen Gehorsam und Befolgung. Wir thun euch zu wissen, daß wir in Erfahrung gebracht haben, daß verschiedene Bücher, Abhandlungen und Blätter geschrieben, gedruckt und

---

*) S. Memorial Literario instructivo y curioso de la corte de Madrid. 12mo. Agosto 1785. pag. 399-424.

und ausgebreitet worden sind, welche wir
gänzlich verbieten oder von Fehlern zu reini=
gen besehlen, und diese sind folgende:

Ganz verbotene Bücher.

1) Die hinterlassene Schrift des Helvetius,
unter dem Titel: de l'homme, de ses
facultés intellectuelles & de son éduca-
tion. London 1774. Dieses Buch wird
verboten, selbst denen, die Erlaubniß ha=
ben verbotene Bücher zu lesen; weil es
ketzerische, gottlose, gotteslästerliche, irrige,
ärgerliche, verführerische und schädliche
Meinungen gegen die catholische Religion,
gegen die geist= und weltliche Macht und
gegen das Amt der heiligen Inquisition
enthält.

2) Das französische Werk: Histoire Litte-
raire des femmes françoises ou lettres
historiques &c. Paris 1769. T. I. II. III.
IV. V. 8vo. wird verboten, selbst denen,
welche Erlaubniß haben verbotene Bücher
zu lesen; weil es voll von falschen, irrigen,
ketzerischen, schändlichen und zur Wollust
reizenden Sätzen, und daher unter den
Regeln des Expurgatoriums begriffen ist.

3) Ein anonymisches französisches Werk:
Memoires & avantures d'un homme de
qua=

qualité. à la Haye 1750. T. I. II. III. 8vo. wird verboten, selbst denen, die Erlaubniß haben verbotene Bücher zu lesen; weil es irrige, anstößige, gottlose, ketzerische, gotteslästerliche, fromme Ohren beleidigende und zum Laster der Sinnlichkeit reizende Sätze enthält.

4) Ein anderes französisches Werk: Tableau de l'histoire moderne depuis la chute de l'empire d'occident jusqu'à la paix de Westphalie par M. le Chevalier de *Mohegan*. Paris 1766. T. I. II. III. 8vo. wird verboten, weil es viele falsche, verwegene, anstößige, ketzerische Sätze enthält, die der catholischen Religion, der Kirche, den verschiedenen allgemeinen und National-Concilien, Päbsten und christlichen Fürsten nachtheilig sind.

5) Ein anderes französisches Werk: Le nouvel Abeilard ou lettres de deux amans, qui ne se sont jamais vûs. gedruckt in der Schweitz 1779. T. I. II. III. IV. 8vo. wird verboten, selbst denen, die Erlaubniß haben verbotene Bücher zu lesen; weil es gottlose, gotteslästerliche und ketzerische Lehren enthält, die den Materialismus und die Toleranz in Ansehung der Sitten befördern, die Hurerey und den Ehebruch

O bis

billigen, und daher der Religion und dem Staate äußerst nachtheilig ist.

6) Ein französisches Buch: Le Manuel des inquisiteurs, à l'usage des inquisitions d'Espagne & de Portugall &c. das zu **Lissabon** gedruckt seyn soll. 1762. 8vo. wird verboten, selbst denen, welchen es erlaubt ist, verbotene Bücher zu lesen; weil es eine Satire auf das Amt der heil. Inquisition und schon in der zehnten Regel des Expurgatorii begriffen ist.

7) Ein anonymisches französisches Werk: Les Egaremens de Julie. P. I. II. III. en Londres 1771. wird verboten, selbst denen, welche die Erlaubniß haben, verbotene Bücher zu lesen, weil es schmutzigen Inhalts ist und böse Begierden erweckt.

8) Eine anonymische historische Schrift: Recueil des comédies & de quelques chansons gaillardes, imprimé pour ce monde, 1773. wird allen, selbst denen, welchen es erlaubt ist, verbotene Bücher zu lesen, verboten; weil es schmutzigen Inhalts und gegen die guten Sitten ist.

9) Ein französisches Werk in 2 Theilen: Memoires Turcs, ou Histoire galante de deux Turcs

Turcs pendant leur sejour en France. Par un auteur Turc &c. Amsterdam 1772. wird verboten, selbst denen, welche die Erlaubniß haben, verbotene Bücher zu lesen, weil es im höchsten Grade schmutzig und unanständig ist.

10) Ein französisches Werk: Nouvelle Traduction de la fille de Joye par Mr. *Cleland:* contenant les memoires de Mlle Fanny ecrits par elle meme, avec figures, en Londres 1775. 8vo. ist allen, selbst denen, welche die Erlaubniß haben, verbotene Bücher zu lesen, verboten; weil das Buch sowohl als die darin vorkommende Kupferstiche schmutzig sind und böse Begierden erwecken.

11) El Novenario a nuestra señora en su santa imagen del Aseo de Xativa, a hora san Trelipe. Valencia 1768. sowohl das Buch als die Kupferstiche, die am Ende beygefügt sind, sie mögen damit verbunden oder abgesondert seyn, sind verboten, weil es theils ketzerische Sätze enthält, theils solche, die andern leicht in Irrthum führen könnten, besonders das gemeine Volk, und die mehr eine abergläubische als wahre und gebührende Ehrerbietung gegen die heiligste Jungfrau zu unterhalten suchen.

O 2

12) Ein Blatt oder geschriebener Aufsatz unter dem Titel: Nueva Tentativa sobre el Misterio de la Purisima concepcion, wird verboten, weil es verfängliche und verwegene Lehren enthält, die der Ketzerey sich nähern und dem Geheimniß der Empfängniß nicht vortheilhaft sind, sondern vielmehr zu den Irrthümern eines Nestorius, Pelagius führen und den Frieden der Kirche stöhren.

13) Fünf Erzählungen oder Romanzen unter dem Titel:

1) Lamentos y tristes quejas del Nobilissimo y excellentissimo señor Don Go. Moreno.

2) Nueva y jocosa relacion del ajito por voluntad y purgado de por fuerza.

3) Relacion de Guillermo el Ingles.

4) Romance gracioso y entretenido, que trata de un chasco que diò una señora cainada a un sastre y un zapatero.

5) Relacion burlesca, que corresponde a las partes del expediente del viento.

Alle fünf Bücher sind verboten, weil sie unanständig, wollüstig und den guten Sitten nachtheilig sind.

14)

14) Eine Handschrift ohne Namen des Verfassers, unter dem Titel: Decenario de la Pasion, que repetido cinco veces, formará un rosario importantissimo, a quien lo rez, y a alma por quien se aplicare; wird verboten, weil es zweydeutige Säze enthält, die übel verstanden werden können und die falschen und erdichteten Ablaß geben.

15) Die ohne Namen des Verfassers herausgekommene lateinische Schrift: Sensa romanorum pontificum Clementis XIV. Prædecessorum, cum animadversionibus circa ejusdem Breve datum 21. Jul. 1773. Amstelodami 1776. ist verboten, weil sie voll ist von verführischen Säzen, die eine Trennung der Gemüther erregen, und gegen den apostolischen Stuhl, und insbesondere gegen den Pabst Clemens XIV. und gegen unsern catholischen Monarchen Carl III. höchst unehrerbietig ist.

16) Eine auf zwey Bogen in 4to. in catalonischer Sprache ohne Namen des Verfassers gedruckte Schrift unter dem Titel: Sermo en alabanza alegre del extra viat carnestoltas, ist verboten, weil sie gegen die guten Sitten ist.

17) Revelacion hecha a san Bernardo, Abad de Claraval, de la no conocida, y dolorosa lioga de la sagrada espalda de nuestro señor Jesu Christo, que padeció llevando su pesada Cruz, mit einem Kupferstich, ist verboten, wegen der Unzuverläſſigkeit dieſer Offenbarung und weil es ſchwache und einfältige Menſchen leicht zum eitlen Vertrauen führen, auch die Abläſſe, die Pabſt Eugen. III. darauf öffentlich zugelaſſen haben ſoll, erdichtet ſind.

18) Caton chriſtiano y catecismo de la doctrina chriſtiana para la educacion y buena crianza de los niños, y muy provechoso para personas de todos estados. en Toloſa. 1784. impreſa por Francisco de la Lama. Dieſes dem Presbyter Jacquin Moles fälſchlich zugeſchriebene Buch, wird verboten, weil es zu dieſem Zweck unvollſtändig und unnützlich iſt, und die andere alte Catechismen, welche unſere weiſe Voreltern, höchſtſchätzbar verfertiget haben, verdächtig macht; auch iſt dieſer Catechismus in einigen Stücken der chriſtlichen Lehre mangelhaft. Die letzten zehn Blätter enthalten zum Unterricht der Kinder unſchickliche Beyſpiele, die ihnen falſche und ſchädliche Vorſtellungen von der Ehrerbietung einflößen, die ſie den Fürſten ſchuldig ſind.

19)

19) Cartilla para ençeñar a leer, con las oraciones de la Doctrina christiana. en Tolosa por Francisco de la Lama. Dieses Buch wird verboten, weil es den siebenten Glaubens=Artikel, von der christlichen Menschenliebe, ausläßt; bey dem fünften Artikel, von der Auferstehung, die Worte, **am dritten Tage** fehlen, und bey den Kirchen=Geboten das Dritte ausgelassen ist; außer diesen bemerkt man aber auch noch andere, bey einer so wichtigen Sache unverzeihliche Nachläßigkeiten des Buchdruckers.

Dieses Verbot erstreckt sich auch auf eine andere Tabelle, von eben diesem Buchdrucker, bey welcher zu Anfang ein Kupferstich der heil. Anna ist und in welcher noch größere wesentliche Fehler vorkommen.

20) Eine geschriebene anonymische kleine Abhandlung in Versen, unter dem Titel: Guia de forasteros de Mexico. ist außer denen, welche die Erlaubniß haben, verbotene Bücher zu lesen, als eine Aergerniß erweckende und im höchsten Grad unanständige Schrift verboten.

21) Carta escrita a Don *Gerundio de Balmaseda* por un amigo suyo. 1783. 4to.

wird als eine beleidigende, ärgerliche, verführerische und den Frieden stöhrende Schrift verboten.

22) *Joh. Gerhardi* Theologi quondam Jenensis celeberrimi, Tractatus de Conjugio, mit verschiedenen Anmerkungen und Zusätzen, neu herausgegeben von Johann Fried. Cotta und zu Tübingen 1776. in zwey Theilen in 4to. gedruckt, wird allen, selbst denen, welche Erlaubniß haben, verbotene Bücher zu lesen, verboten, weil der Verfasser ein Ketzer ist, und es ausdrücklich von unsrer heiligen Religion handelt, und offenbare ketzerische Sätze enthält. Es ist zwar unter dem, was die vierte Erinnerung des Expurgatorii vom Jahre 1747. S. 645. col. 2. vorschreibt, begriffen, aber um allen Zweifeln zu begegnen, die entstehen könnten, weil es mit den oben berührten Umständen wieder abgedruckt ist, wird es nun aufs neue verboten.

23) L'Esprit de l'encyclopedie, ou choix des articles les plus curieux, les plus agreables, plus piquans, les plus philosophiques de ce grand Dictionaire. T. I. II. III. IV. Geneve. ist verboten, weil es irrige, verwegene, ärgerliche, gottlose, ketzerische Sätze enthält, die dem Staate,

die

die geistlichen Mächte, die Regenten, die catholischen Gerichte und insbesondere das heil. Inquisitions-Gericht, beleidigen, und weil es ein Auszug ist, aus dem großen Lexicon, unter dem Titel: Encyclopedie ou Dictionaire raisonné des sciences, des arts & des metiers, par une sociere de Gens de lettres, mis en ordre & publié par Msr. *Diderot*, welches von Sr. Heiligkeit, Pabst Clemens XIII. in der Bulle vom 3ten Sept. 1759. verboten, die in diesen Reichen, durch das heil. Inquisitions-Gericht, in dem Befehl vom 9ten Oct. eben dieses Jahrs, öffentlich bekannt gemacht worden ist.

24) *Guill. Thomas Raynal* Tableau & revolutions des Colonies angloises dans l'Amerique septentrionale. T. I. II. Paris 1783. 8vo. wird allen, selbst denen, welchen es erlaubt ist, verbotene Bücher zu lesen, verboten, weil es ketzerische, irrige, gottlose, ärgerliche, aufrührerische Behauptungen enthält, und die höchste, sowohl geist- als weltliche Macht, verläumdet und vernichtet.

25) *D. Jacinto Dragoneti* Tratado de las virtudes y de los premios, y traduxó del Italiano al Español D. *Francisco de*

Hombrados Malo. Madrid 1775. Dieſes Buch wird in beyden Sprachen verboten, ſelbſt denen, welche die Erlaubniß haben, verbotene Bücher zu leſen, weil es verfänglich iſt, und ärgerliche, die Fürſten beleidigende, verwegene, irrige, der Ketzerey verdächtige Sätze enthält, die Materialismus-Lehren, und der Religion und dem Staate höchſt ſchädlich ſind.

Bücher,
die von Fehlern zu reinigen ſind.

1) Le nouveau ſecretaire de la Cour & du cabinet, ou la maniere d'ecrire ſelon l'uſage du tems & dans la pureté de la langue françoiſe. en Amſterdam 1750. In dieſem Buch wird der Brief S. 181. wo die Ueberſchrift Lettre badine anfängt, und der Brief je ſuis bien aiſe, und ſich endiget, avec une extreme paſſion. ausgeſtrichen, weil er unanſtändig iſt und zum Laſter der Sinnlichkeit reizt.

2) Breves inſtrucciones y oraciones para diſponerſe y recibir el ſacramento de la Penitencia y comunion ſacadas de las obras del V. P. M. *Fr. Luis de Granada.* Madrid 1757. 8vo. In dieſem Buch wird

wird S. 89. lin. 10. das Worte justisi‌mamente ausgestrichen, und an dessen Stelle injustisimamente gesetzt; Dieser Druckfehler muß in einem jeden Exemplar, wo er sich befindet, verbessert werden, weil dieses Wort es in einen ketzerischen Satz verwandelt, und gerade das Gegentheil von dem ist, was der V. P. Granada aus‌drücklich sagt.

3) Voyage de Merseille à Lima & dans les autres lieux des Indes occidentales. Paris 1720. 8vo. Das erste und zweyte Capitel vom zweyten Theil dieses Werks, das die Ueberschrift hat: Retour du voyage des indes occidentales en france; ist in diesem Buch auszustreichen, weil sie mit den gröbsten Unwahrheiten und Läste‌rungen gegen die Bulle de la sante Cruzada und das heil. Amt der Inquisition angefüllt sind.

4) Histoire du Monde par M. *Chevreau*. à la Haye 1698. In diesem Buch sind S. 315. im Dritten Band, im Para‌graph, der mit l'an mille six cens anfängt, lin. 4. folgende Worte, da der Verfasser von dem Inquisitions-Gericht spricht: *qui est la cruauté même*, auszustreichen, weil sie falsch und für das heil. Amt beleidigend sind.

5)

5) In dem Catecismo o compendio de la Historia sagrada y de la doctrina christiana compuesto en frances por el Abad *Fleuri* y traducido al Español por el M. Fr. *Juan Interian de Ayala*, impresa en Madrid 1773. por Don Antonio *Sancha*, ist S. 171. die Frage aufgeworfen: **Ist unser Wille gut, wenn er nach dem Willen Gottes ist?** Antwort: **Er kann nicht anders, als sehr böse seyn.** In der Frage muß *no* nach *quando* hinzugesetzt werden. Ist unser Wille gut, wenn er nicht nach dem Willen Gottes ist?

In einer andern Uebersetzung dieses Buchs von Andreas de Ortega vom Jahre 1779. liest man S. 209. eben diese Frage mit diesen Worten: **Ist unser Wille gut, wenn er nicht mit dem Willen Gottes übereinkommt?** Antwort: **Mit nichten, zumalen wenn die Neigung böse ist.** Diese Antwort muß also verbessert werden: Mit nichten, vielmehr ist er ohne diese Bedingung böse; und so ist auch der wahre Sinn der französischen Schrift; das Gegentheil, welches in diesen zwey Uebersetzungen ist, ist gottlos und ketzerisch.

6)

6) Des maladies des gens de Cour & de beau monde françois, traduit de l' Allemand de M. *Langhans*, Medicin de Berne. Yverdon 1771. In dieſem Buch iſt der 14te Paragraph S. 22. beym Anfang der Worte quand le Carême bis auf den Paragraphen leur force naturelle auszuſtreichen, weil er in verſchiedener Rückſicht, falſche, irrige, verwegene und ketzeriſche Sätze enthält.

7) In dem Buch Selectæ e novo teſtamento historiæ ex *Erasmi* paraphraſibus excerptæ. Pariſiis 1765. muß zu Anfang eben dieſelbe Note geſetzt werden, welche der Index expurgatorius S. 288. in alle Werke Erasmi zu ſchreiben befohlen hat: Opera omnia Erasmi caute legenda: tam multa enim inſunt correctione digna, ut vix omnia expurgari poſſint. Denn dieſes Buch iſt ein Auszug aus dem gedruckten und ohne Genehmigung, die das heilige Concilium zu Trient wegen Erasmi Schriften feſtgeſetzt hat.

8) Auf einem gedruckten Blatt in 4to. wo die Worte ſtehen: Bendita ſea, y alabada la ſantiſſima Trinidad, &c. und zwey Geſänge in ſpaniſcher und lateiniſcher Sprache folgen, iſt die Note, am Ende dieſes

dieses Blatts, die mit den Worten anfängt: Por decir esta alabanza y trisagio, und sich endiget: el concilio quarto Calcedonense ganz auszustreichen; weil sie eine öffentliche Bekanntmachung falscher Ablässe, abergläubischer Versprechungen enthält, und es dem **Chalcedonensischen** **Concilio** andichtet.

9) In dem Büchlein Triduo doloroso en obsequio y memoria de los tres originales rostros, que nuestro redentor dexo estampados en el lienzo, con que lo enjugo la piadosa muger Veronica &c. Mexico 1777. und auf verschiedenen Kupferstichen, die von diesem heil. Bildniß gemacht worden, ist die Bemerkung gesetzt worden: **Wird ein Vater Unser oder Ave Maria vor einem dieser heil. Bilder gebetet, so erlangt man auf zwölf tausend Jahre, Vergebung seiner Sünden,** und in einer andern Note ist beygefügt: **daß diese vom heiligen Petrus und dreyßig römischen Päbsten gegeben worden sey.** Diese Noten sollen in besagten Buch und den Kupferstichen, sie mögen sich befinden, wo sie wollen, ausgestrichen werden; weil die Ablässe, die hier verkündiget werden, falsch und unvernünftig sind, und die Gläubigen

gen leicht verführen, auch verwegene und vermessene leicht verleiten kann, daß sie es wagen, Gott mit mehr Frechheit zu beleidigen; weil sie sehen, wie leicht es ist, Vergebung ihrer zeitlichen Strafe für das vergangene Verbrechen zu erhalten.

10) In dem Buch: Doctrina christiana, que Don *Francisco Reynoso*, *Obispo que fue de Cordova, mandó imprimir*. Granada. muß folgendes verbessert werden:

1) bey der Antwort die auf die Frage: **Was ist die heilige Dreyfaltigkeit?** muß das Wort distintas beygesetzt werden, so daß es heißt tres personas distintas &c.

2) Bey der Antwort auf die Frage des Catechismus, da das erste Gebot Gottes erklärt wird, **durch welche Mittel werden diese abergläubige Meinungen vermieden?** muß die Partikel *no* ausgestrichen werden, so, daß der Schluß folgt, und **thue das, was gut ist.**

3) In dem Kirchengesange der heil. Jungfrau: sub tuum præsidium, muß zu dem Worte deprecationes die Partikel *ne* gesetzt werden, so, daß es heißt: nostras deprecationes ne despicias:

Diese Fehler und Mängel, die nicht vom Verfasser, sondern vom Buchdrucker her-

herrühren, müssen sowohl in diesem Abdruck als auch in einem jeden andern, wo sie sich befinden, verbessert werden, weil sie gegen die christliche Lehre sind und zum Irrthum führen.

11) Opuscoli del Sig. Abate *Giacinto Ceruti*. Firenze e in Siena 1779. T. 1. 2. 8vo. In dem ersten Theile dieses Buchs muß S. 39. die 18 lin. und S. 40. die 9 lin. von massimamente bis opinione, auch im zweyten Theil S. 233. muß die Uebersetzung vom Hohelied Salomonis, gänzlich ausgestrichen werden, und das zwar in der besondern Rücksicht, weil unwissende und boshafte Leute diese Uebersetzung leicht mißbrauchen und sie zu einem verwerflichen Sinn anwenden.

12) In dem Befehl vom Jahre 1755. ist verboten worden zu lesen, die 1te, 2te, 3te und 5te Abhandlung von dem Buch Ant. Jos. Rodriguez (Cisterzienser Mönch) in dem Königlichen Kloster unser heiligen Mutter zu Beruela) Palæstra critico-medica. Pamplona 1734., bis daß die verdächtigen Stellen angezeigt würden.

Nun sind sie aber mit folgenden Verbesserungen erlaubt: In der zweyten Abhandlung müssen die Nummern 6. 7. 8. 9. ganz aus-

ausgestrichen werden, weil sie falsche und verwegene Sätze enthalten und zum Irrthum leiten. In der dritten Abhandlung S. 26. Nro. 5. lin. 3. muß die Partikel tan, und einige Zeilen nachher die Worte que aun de rodas bis Pues es durchgestrichen werden. Das Verbot wegen der medicinisch-gerichtlichen Abhandlung, S. 241. bis 292. wird aufgehoben, nur daß man folgende Verbesserungen mache. S. 246. werden Nr. 14. S. 249. Nr. 23. S. 257. Nr. 45. S. 266. Nr. 74. S. 267. Nr. 78. und S. 280 Nr. 115. ganz durchstrichen.

Eben so wurden in diesem Befehl bis auf genauere Durchsicht, die drey Bände in 4to. von eben diesem Verfasser **Anton Joseph Rodriguez** unter dem Titel: Nuevo aspecto de Theologia medico moral y ambos derechos. Zaragoza 1742. 1745. 1751. verboten, nun sind sie aber mit folgenden Verbesserungen erlaubt: Im ersten Theile wird das erste Paradoxon ganz verworfen, weil es falsche, irrige, ärgerliche und verwegene Sätze hat. Bey dem dritten Paradoxon muß zu Anfang oder am Ende der Ueberschrift beygesetzt werden: en materiis puramente naturales. S. 33. Nr. 2. müssen die Worte aunque entre ellos haya santas, y docto-

doctores durchstrichen werden. S. 35. Nr. 6. wird ganz durchgestrichen.

Im vierten **Paradoxon** müssen Nr. 2. von den Worten an: para esto es precijo bis zu den Worten la comunisima opinion durchgestrichen und an dessen Stelle separarse de gesetzt werden. In eben dieser Nummer muß anstatt despreciarse, separarse gesetzt werden, anstatt establecida sin fundamento gesetzt werden establecida por los medicos con poco fundamento; anstatt es cierto que, muß tal vez gesetzt werden, und am Ende der 41. S. und zu Anfang der 42. muß die parentesis: pudiera decirse error durchstrichen werden.

S. 51. Nr. 18. muß die ganze Nummer durchgestrichen werden. S. 51. Nr. 19. lin. 10. muß anstatt ningun, debil gesetzt werden, und nach diesem das Wort deberan ausgestrichen und podran acaso gesetzt werden.

Im fünften Paradoxon, dessen Ueberschrift ist: Debe ser bautizado sub conditione, el mostruo nacido de madre humana, y engendrado por bruto, müssen
Nr.

Nr. 4. und 5. durchstrichen werden, weil sie falsche und gefährliche Sätze in der Lehre von der Erbsünde und der Art ihrer Fortpflanzung enthält.

Die Ueberschrift im 12ten Paradoxon La agna destilada de flores, y yerbas es materia cierta del sacramento del Bautismo muß also verändert werden: *Es propable* que el agua destilada de flores — &c.

Nr. 23. sagt der Verfasser, daß nach dem ordentlichen Gesetz und kirchlichen Gebrauch allezeit mit reinem gewöhnlichen Wasser getauft werden müsse; auf andere Art würde es gegen das Sacrament unehrerbietig seyn, und der Priester würde *vielleicht* sündigen; hier muß das Wort *vielleicht* durchstrichen werden, weil in diesem Fall der Prediger gewiß sündigen würde.

In dem 16ten Paradoxon müssen S. 172. Nr. 3. die Worte de reata, y hombres S. 173. Nr. 6. das Wort mutuó (an dessen Stelle se debuluo gesetzt wird) und Nr. 7. das Wort errada y durchstrichen werden, weil sie die Lehrer, die nicht eben diese Meinung haben und deren mehrere sind, leicht

P 2

beleidigen könnten. Im 23ten Paradoxon muß S. 266. Nr. 10. ganz durchstrichen werden.

Im zweyten Theile dieses Werks muß das fünfte Paradoxon, dessen Inhalt ist: In mulieribus non datur pollutio proprie talis, ergo nec peccatum pollutionis, ganz durchstrichen werden, weil es eine falsche, irrige, verwegene und ärgerliche Lehre enthält, und eben so auch das 6te Paradoxon, welches von der wahren natürlichen Mutterschaft der heil. Jungfrau Maria handelt, weil es gegen die sechste Regel des Judicis, in gewöhnlicher Sprache davon zu schreiben, und weil es viele unanständige, unbestimmte Ausdrücke enthält, die weit entfernt sind von denen, deren sich die heil. Väter bedienten, um dieses so hohe Geheimniß zu erklären.

Im siebenten Paradoxon behauptet der Verfasser, que no se cometen tantos pecados de polucion, ni de su malicia, como communmente se piensa, und behandelt die Materie mit so schändlichen Ausdrücken, als man es nicht in der gewöhnlichen Sprache sich erlauben darf, und daher dieses sowohl
als

als das achte Paradoxon ganz ausgestrichen werden muß.

In der dritten Dissertation drückt sich der Verfasser unbestimmt und schwankend aus über die große Macht, die dem Teufel zugestanden wird, von S. 235. bis 327. Nr. 5. S. 337. Nr. 25. werden die Worte y un literal sentido opuestos durchstrichen und allein das Wort opuesto gesetzt: Ferner werden die Worte: que es el unico, que hay en la escritura, que hable del punto und die Worte que no sea esfugiativa durchstrichen. S. 337. Nr. 26. wird das Wort tanto, und weiterhin das Wort eficaz und die ganze Nr. 35. durchstrichen. Die Vertheidigung des Verfassers, die von S. 431. Nr. 6. bis S. 436. Nr. 16. geht, wird ganz durchstrichen, und zwar aus eben den Gründen, aus welchen das erste Paradoxon im ersten Theile verboten wurde. S. 470. muß vor Nr. 79. — um alle Zweydeutigkeit zu verhüten — diese Erinnerung gesetzt werden: Obgleich der Verfasser diese Meinung vertheidiget, daß distillirtes Wasser von Blumen und Kräutern, wahre Materie zum Sacrament der Taufe ist, so ist doch seine Meinung nicht prakrisch gewiß, da viele gelehrte Männer ganz anderer Meinung sind, mithin kann das Wasser von Blumen blos in dem Fall gebraucht werden, wenn das gewöhnliche Wasser fehlt, und selbst in diesem Fall, sub conditione.

Nr. 176. wird das Wort se expone ausgestrichen und das Wort pecara gesetzt.

Im dritten Band S. 327. wird Nr. 8. ganz durchstrichen. S. 365. werden alle Nummern von 96. bis 122. S. 432. von Nr. 233. bis 272. und S. 460 von den Worten cada dia diese Worte sin culpa suya durchgestrichen.

Endlich im 13ten Bande dieses Werks mit dem Titel: Disertaciones phisico - mathematico — medicas, sobre el gran problema de la respiracion, con una pieza de historia filosofica. Madrid 1760. werden S. 301. Nr. 12. und S. 302. Nr. 13. durchgestrichen.

Note. Man bemerkt, daß in der Madriter Zeitung, von den Jahren 1763. und 1764. aus der Königlichen Buchdruckerey, von
die-

dieses Anton Joseph Rodriquez Nuevo aspecto, und von eben dieses Verfassers Palestro cririco medica &c. die Capitel, Ausdrücke und Stellen nicht ausgelassen worden, welche dieses Edict — in den alten Ausgaben hinweg zu thun und zu durchstreichen befohlen hat. Ferner: In dem Werke des D. Joseph Febrero Libreria de Escribanos, in sechs Bänden und zwey Theilen in 4to., wovon der erste von den Testamenten und Contracten, der andere von den Theilungen und Gerichte handelt, redet der Verfasser im ersten Bande des ersten Theils Nr. 303. von der Form eines Testaments; in dem Eingang zu seinem Buche von dem öffentlichen Glaubens=Bekäntnis und den unaussprechlichen Geheimnis der allerheiligsten Dreyfaltigkeit. Er sagt: que aunque son tres personas distintas y con diversos atributos &c. hier muß das Wort diversos ausgestrichen und an dessen Stelle los mismos gesetzt werden, so daß man liest y con los mismos atributos: diesen Irrthum und die wesent-

liche

liche Zweydeutigkeit, es mag nun dieses
in der Buchdruckerey **oder** aus sonst un-
willkührlichen Ursachen entstanden seyn, hat
der Verfasser selbst dem heil. Gericht, aus
wahrhaft-christlichen Eifer, angezeigt, damit dadurch der Fehler in den drey Auf-
lagen, die von dem ersten Theile des Werks
gemacht worden sind, verbessert werde und
keinem unvorsichtigem und weniger unter-
richtetem zum geistlichen Schaden gereiche.

Da wir nun durch ein zeitiges Mittel
dem Schaden zuvor zu kommen suchen, der
aus Lesung dieser Bücher, Abhandlungen,
Schriften und einzelner Sätze, für die
Gläubigen und die catholische Religion entstehen könnte, und diese Bücher schon in
diesen Reichen ausgestreut und verbreitet
worden sind, so haben wir befohlen, daß
sie, nach der Beschaffenheit eines jeden derselben, verboten oder gesäubert und verbessert werden sollen, daß niemand diese
gedruckten Bücher, Abhandlungen und Hand-
schriften, in welcher Sprache oder von welchem

chem Druck sie auch seyn mögen, verkaufe, lese und bey sich behalte, unter der Strafe der größeren Excommunication, latæ sententiæ trina canonica monitione præmissâ, und 200 Ducaten für die Unkosten an das heil. Gericht, außer den Strafen, die nach dem Recht bestimmt sind. Diesem zufolge und nach dem Inhalt gegenwärtigen Edicts, ermahnen und bitten wir daher, und wenn es nöthig ist, befehlen wir euch, Kraft des heil. Gehorsams und unter der Strafe des größeren Bannes, und der Geldstrafe, daß ihr von dem Tage an, wo euch dieser unser Befehl vorgelesen und bekannt gemacht seyn wird, oder ihr sonst seinen Inhalt erfahren werdet, oder in den sechs folgenden Tagen, welche wir euch in drey Terminen, und zwar den letzten als den peremtorischen ansetzen, uns, oder unsern Commissarien des heil. Gerichts, die sich in den Orten unseres Bezirks aufhalten, und die sie uns zuschicken werden, gemeldete ganz verbotene Bücher, Abhandlungen und Schriften, die ihr selbst besizzet, ausliefert, überreichet, und diejenigen, die andere Personen noch haben und verbergen, anzeiget.

Was diejenigen Bücher betrift, die wir befohlen haben, zu durchstreichen und zu verbessern, so melden wir euch, daß ein jeder von euch es selbst thun kann, doch mit dieser Bedingung, daß er es innerhalb zwey Monathen, entweder dem Tribunal selbst, oder einem Commissario desselben, oder dem unmittelbaren Censor in Glaubens-Sachen, vorzeige, welche, wenn sie es unserm Edict gemäß, ausgeführt finden, es auf dem erstem Blatt des Buchs bemerken und das Buch unverzüglich seinem Besitzer wieder zurück geben.

Wenn ihr das Gegentheil thut, und, nachdem gemeldeter Termin verstrichen ist, euch als halsstarrige und widerspenstige bezeigt, ohne obenbesagtes zu thun und zu beobachten, nach vorhergegangener und widerholten canonischen Ermahnungen, dem

Recht

Recht gemäß, so belegen wir euch und einem jeden von euch von der Zeit an, mit eben angezeigter Strafe des größern Banns, betrachten euch als schuldig der genannten Censuren und Strafen, und thun euch kund, daß wir sie, so wie wir es recht befinden, vollziehen werden.

Zum Zeugniß dessen haben wir diesen unsern Befehl gegeben und zu geben befohlen, der mit unserm Namen unterschrieben, mit dem Siegel des heil. Gerichts gesiegelt und von einem unserer geheimen Secretaire signirt ist.

Gegeben in dem Inquisitionshofe den 11ten August 1785.

Auf Befehl des heil. Gerichts.

Dr. Joseph Benedict del Cerro.
Secretair.

Druckfehler
in der Sammlung der Instructionen
des
Spanischen Inquisitions-Gericht, ꝛc.

S. 3. lin. 15. Sanchen lies Sanchez.
— lin. 17. — Kirche zu Sevilla und Perodiaz von Costana, Licentiat —
— lin. 22. Scholaster l. Scholarch.
S. 4. lin. 5. Alonsus l. Alonso.
— lin. 7. Velasquez l. Velasquez.
— lin. 9. Poner l. Ponce.
S. 11. lin. 21. — beschlossen sie, daß die Ketzer infam sind. Und weil sie ihre
S. 21. lin. 15. — das Verbrechen gleichwol vollständig gegen ihn erwiesen wäre.
S. 33. lin. 12. — von Ketzern, wenn diese Christen waren
— lin. 23. — Inquisition betrift, noch von andern Personen für sie anzunehmen
S. 33. lin. 26. — Umstände derselben, weil noch oft etwas besonders vorkommt —
S. 40. lin. 17. — berathschlagen; und weil, wenn sie
S. 41. lin. 24. — die bey Untersuchung der Sachen zu der Zeit vorkamen
S. 182. lin. 8. Curater l. Curator.
S. 186. lin. 24. Wenn es aber Alte, Kinder oder —
S. 197. lin. 15. — Auditoren sind, sollen sie eingeladen werden, es zu begleiten.
S. 218. lin. 8. — Materialismus lehren —